MANOLO ROYO

Manólogos

MANOLO ROYO

Manólogos

Edición especial realizada por Editorial Planeta, S.A.

Diseño de cubierta: Jorge Gil Cerracín
Fotografías de cubierta e interior cedidas por el autor
Compuesto en J. A. Diseño Editorial, S.L.

Primera edición: setiembre 2004
ISBN: 84-08-05472-4
Depósito legal: M-27.444-2004
Impreso por Mateu Cromo

Impreso en España - Printed in Spain

Índice

Filosofía con boina, filosofía del pueblo

Nos vamos de viaje

Desde las autonomías

Trasti o la dulce infancia

La otra opción

A mis amigos que es de lo mejorcito que tengo.

Presentación

Permítanme que me presente: me llamo Manuel Felipe, y quiero que observen la habilidad de mis papás para lo del nombre. Manuel Felipe, uno en el gobierno de Galicia y otro de príncipe. ¡Que tengo nombre de culebrón! Manuel Felipe por un lado y Royo Ubieto por el otro, y esto no es por casualidad, porque mi madre era decente.

Nací hace «tropecientos» años, uno menos en Canarias, en el seno de una familia muy humilde. Hasta qué punto lo seríamos que no teníamos senos ni nada. Nací en un parto trillizo, en el centro, y no lo digo por politizar, sino porque es verdad: primero nació mi hermana, después nací yo, y luego mi hermano; y si empezamos por detrás, mi hermano, yo y mi hermana.

El médico que nos atendió a mi mamá y a nosotros era un médico bueno, «francamente» bueno o «realmente» bueno, como quieran, no vamos a politizar el asunto. A mi madre le pusieron anestesia local, porque no nos llegaba para la provincial, y el médico se puso esa mascarilla verde que yo creo que se ponen por si sale mal la operación, y así nadie los conoce.

De todos modos, lo del parto de mi madre y todo eso son cosas que a mí me han contado pero que yo no me creo. Estoy seguro de que no tengo nada que ver con los espermatozoides, ni con las trompas de Falopio, ni ¡muchísimo menos! de haber sido un espermatozoide. ¿De qué voy a ganar esa carrera que realizan millones de ellos? ¿Millones de pijorrillos corriendo y voy a ganar yo?... No he ganado en mi vida una carrera teniendo bracitos y piernecitas, ¿y la voy a ganar siendo un «protozoide»?

Nada de eso, a mí me trajo la cigüeña. Aquéllos eran otros tiempos, no como ahora, que donde pongo el ojo, pongo el protozoide, ¡que lo he visto yo en la televisión! Te colocan con el procedimiento del «impitro» o «intimpio»... que está el embrión acojonao o congelao, la criatura, que no sé cómo está y lo cogen con una jeringuilla y te lo colocan en el huevo que llevas en el lavavajillas. Y antiguamente, ¿cómo se colocaban los protozoides en su sitio? ¡Con gusto! ¡Como Dios manda! ¡Con gusto! Que terminabas de colocar el protozoide y te decía la parienta: «parece que no ha encajado...». ¡Pues se repite!

Como decía, a mí me trajo la cigüeña. Estaba yo en la tómbola que tienen los franceses en París y no me quería ningún francés porque me oían llorar en español, y para eso los franceses son muy especiales. Entonces me cogió una cigüeña de Air France y me trajo para España. Yo tenía que haber nacido en el cupo de los niños andaluces, pero la cigüeña venía hecha polvo (o algo de un polvo hay por ahí) y me dejó bajando en un pueblo de Aragón, por lo tanto pertenezco a la nobleza... baturra.

De pequeño fui a la escuela nacional, vamos, que no era de importación como ahora, que los niños estudian otras lenguas. Nosotros no sabíamos la lección en español... ¡como para saberla en extranjero!

Una vez me preguntó el maestro: «¿Quiénes eran los Reyes Católicos?», y yo le contesté: «Los Reyes Católicos eran Isabel y Fernando y se llamaban Católicos porque, al parecer, iban mucho a misa.» Esa vez no me echaron del colegio, fue otra vez, por mi afición a la aviación. Hice un avión, le eché el aliento, lo lancé... y fue a parar a la cara del maestro al que llamábamos «Ojo de Cristal», concretamente en el ojo bueno. Y créanme, fue una pena dejar la escuela, si allí nos enseñaban hasta música. Todos los días al entrar cantábamos el *Cara al sol* y, en mayo, *Con flores a María*. ¿Se acuerdan?

Poco a poco me irán conociendo ustedes, por encima, aunque eso no es nada difícil, ya que mido 165 centímetros. Por lo tanto, soy un ciudadano medio, un ciudadano medio ahora, porque yo de chaval medía 2 metros, lo que pasa es que soy un poco tímido y además hice la mili andando, y eso, quieras que no, desgasta. Tres años de mili... bueno, en realidad fue año y medio, lo que pasa es que la hice mal y tuve que repetir. Y claro, después de tres años andando, me he quedado así.

Tipos curiosos

El moto-mecánico

Soy Manolo, el Motero, mecánico de burras, pa'servirles y pa'arreglarlas.

Ahora estaba probando ésta y predicando con el ejemplo.

El casco, los guantes y la riñonera. ¡Preparao! que en las motos tiene que ir uno iluminao. No como los niñatos ésos de las motillos ésas que van sin matrícula, sin casco y sin carné. ¡Menudo peligro!

Que los tíos se creen que al no tener carné, no tienen que respetar las señales de tráfico. Te adelantan, por la izquierda, por la derecha; por donde les da la gana. Una vez a un colega mío lo cruzó uno por el maletero. ¡Y anda que paran! A uno le pegó el otro día una motillo de ésas con la caja de las pizzas en el espejo retrovisor, y le metió todas las pizzas que llevaba por la ventanilla. Menos mal que eran de atún y el atún le gustaba al tío, que si no, no veas el lío. La gente está muy colgada.

El dueño de esta moto, me viene y me dice:

—Oye, que la mires que me hace la «perla».

¡Vamos! como si la moto fuera una ostra para hacerle perlas.

Que lo que le contesté:

—Oye, pues guarda las perlas y le haces un collar a tu novia.

¡Menuda perla!

Y uno que me compró una moto y el primer día me la constipó. Vamos, que me la gripó. Salió de la tienda en primera, se fue a su pueblo y por la tarde ya lo tenía aquí otra vez:

—Que no tira, que me des otra que tire más.

—No, si lo que tienes que cambiar no es de moto, sino de velocidad y no ir siempre en primera.

Otro:

—Oiga usted, ¿qué diferencia hay entre una moto de dos tiempos y otra de cuatro tiempos?

—Pues, mire usté, que la de dos tiempos sólo se puede llevar en primavera y verano, y la de cuatro tiempos todo el año.

Es que ven mucha tele, como yo, aunque no sé cómo nos quedan ganas con los telediarios que nos dan. Como pa'comer con la tele enchufada. ¡Joder! Dos o tres muertecitos no te los quita ni tu padre. Todos los días pa'comer, muertecitos a las tres. Que no encuentran muertecitos en España, cosa que desgraciadamente es habitual, buscan los muertecitos donde sea, pero para comer muertecitos a las tres.

Pero no muertecitos de estos que parece que están durmiendo la siesta. No, no, no. ¡Muertecitos de cojones! La cabeza en Cuenca, un pie en Albacete, la cámara llena de sangre. ¡Vamos! que no hace falta ser forense para decir: «¡Ese tío está muerto!»

Y cuando por fin llegas a los deportes, no son deportes, son fútbol, y declaraciones de futbolistas. Que si el

Derby del Siglo, que cada quince días es un «derby del siglo». ¿Sabrán éstos que un siglo son cien años?

Me voy a coger un día de estos y me voy a ir a un banco. Sí, sí, con estas pintas, y voy a pedir un préstamo, ahora que están bajos los intereses, y me voy a hacer un campo de fútbol pa'mi solo.

¡Que arreglen las motos los japoneses!

Me voy a gastar en el campo 200.000 millones. Eso no es nada, aquí 200.000 millones no es nada, que no. Aquí debes 58.000 pesetas de recibo de la luz y te la cortan; ahora, debes 200.000 millones y van detrás de ti como locos pa'que no te pase nada y les pagues.

¡Me voy a forrar! Voy a jugar la Liga, la Copa, la UEFA, la FIFA, la Liga de Campeones.

Además, voy a inventar la democra-liga. Es decir, que serán los socios los que escojan los fichajes de una lista de posibles. Para ocupar la plaza de medio volante izquierdo, tres posibles. Y se quedará el que obtenga el mayor número de votos, y lo mismo con el delantero centro, y con el portero; de esta forma ahorro para pagar lo que debo.

¡Que el 10 por ciento de 4.000 millones son 400 millones! Y con 400 millones tengo pa'pagar a los empleados del club.

Y no te digo cómo tiene que jugar el pájaro que cobra tantos miles de millones de pesetas. Ése paga al club cada vez que tire a puerta y falle.

5.000 pesetas por cada fallo que cometa y un millón por tarjeta que le saquen por protestar, por pedir la hora, y si se la sacan por juego peligroso 250.000 más. Y con la pasta que se recaude hay para que a los socios les cueste menos el abono.

Bueno, y el entrenador ni te digo, será tan profesional que tendrá que entrenar a los jugadores con que cuenta en esos momentos el equipo, y si es de estos que empiezan con caprichos, que si ahora quiero a éste y que luego quiero aquél, que se los pague de su bolsillo. Porque con ésos tan buenos que me pide no me hace falta entrenador. ¿pa'qué lo quiero a él?

Todos jugarán con la misma indumentaria. ¿Cómo se puede aguantar eso de que en algunos clubes, de cintura para abajo, cada uno va como le sale de allí mismo?

Unos llevan unas botas azules, otros las llevan rojas otros verdes. ¡Nada, todos iguales!

Si por ese genio que le caracteriza desobedece de forma reiterada al Míster y se hace el chulo, el Míster lo sacará a jugar en beneficio del club. ¿Por qué va a dejar en el banquillo a un tío que me cobra 6.000 millones en contra de los intereses del club? Que lo castigue y lo ponga a limpiar las gradas al término de los partidos, o a cortar el césped después de los entrenamientos.

¡Lo voy a cambiar todo!

Si un equipo de ésos con un presupuesto de risa nos gana, además de aplaudirles al salir del campo, que saldrán antes que nosotros, les premiaremos con la prima que no hemos sabido ganar. De esta forma los pobres ganarán algo de dinero.

¿A que soy un fenómeno? Porque estoy en la Honda y voy como una moto.

El desmemoriado

A continuación voy a contarles... Nada, que se me ha ido el santo al cielo. Se me ha ido el santo al cielo con todas las cosas que les tenía que contar.

Pues eran cosas majísimas, sí señor; pues nada, que no caigo, y eso que las tengo en la punta de la lengua... Pero no se trata de llegar a cualquier persona, sacarle la lengua y decirle:

—Por favor, léame usted la lengua.

¡Parecería que le estuviera haciendo una burla!, y a mí esa persona no me ha hecho nada.

Pues nada, que no caigo, no me acuerdo de nada. Va a ser de familia esto de la falta de memoria. Mis padres no se acuerdan nunca de nada. El otro día le dice mi madre a mi padre:

—Saturnino, anda, tráeme un poleo menta.

Y le dice mi padre:

—Voy.

Y le dice mi madre:

—Sí, pero apúntatelo que luego se te olvida. En cuanto llegas a la cocina no te acuerdas de lo que te he pedido.

—¿Cómo me lo voy a apuntar, mujer? Un poleo, de

aquí a la cocina se me va a olvidar, ¿o qué?... Un poleo, un poleo...

Y se fue camino de la cocina cantando: «Un poleo, un poleo menta...»

Después de un buen rato, aparece con un café solo. Y le dice mi madre:

—¿Lo ves? Ya se te ha olvidado. Me has traído un café solo y yo te había pedido un café con leche y sacarina.

Pues a mi mujer le pasa tres cuartos de lo mismo. ¡Hasta ha cogido catarros por culpa de la memoria! Y es que va al frigorífico y se queda una hora con la puerta abierta diciendo:

—¿Qué he venido yo a buscar?, ¿qué he venido yo a buscar?

Y claro, con el frío que sale ¡coge cada catarro!

Tampoco sus amigas andan muy allá. Hace poco decía una:

—De memoria estoy fatal, fatal, con deciros que el médico me ha recetado unas pastillas para la memoria buenísimas y no sé dónde las he puesto.

Y la otra:

—Pues hija, yo ni te cuento; no me acuerdo ni siquiera cuándo fue la última vez que hice el amor con mi marido.

Y la anfitriona de la reunión, o sea, mi señora:

—Pues yo de la memoria ando fenomenal, muy bien, así que tocaré madera. *Toc, toc.* ¡Uy!, están llamando, voy a abrir la puerta.

A las mujeres les fallará la memoria, ¡pero lo que es la vista! ¿Se han fijado lo que ven? Llevan unos relojes súper pequeños y aun así ven la hora; la saben sin mirar. Por ejemplo, llegas a casa y te dicen:

—Son las tres.

—¿Cómo que las tres? Son menos diez.

—Sí, pero las tres.

En cualquier caso, tienen sus fallos. Te ven un pelo rubio en la solapa de un traje a varios metros y luego no ven en el garaje la columna más grande.

Desde luego, lo de la falta de memoria es algo malísimo. Es lo que nos hace engordar, porque claro, no te acuerdas de lo que comiste ayer y te empiezas a angustiar:

—¿Qué comí yo ayer? ¿Qué fue lo que comí? A ver si es que no comí nada...

Y te vas al frigorífico y te pones morado. Y es que a nadie le amarga un dulce, ése es el problema: que no amarga, que engorda que es peor.

¿Qué me dicen de la amnesia? Tengo un vecino que el año pasado le dio un ataque de amnesia y se le olvidó hasta pagar a Hacienda. Le pusieron un tratamiento estupendo, mano de santo: una inspección en vena y se lo recordaron todo, todo, todo.

Yo recuerdo mejor las cosas de cuando era niño que lo que hice la semana pasada. Recuerdo que de pequeño en lo que mejor iba era en castigos. Tuve todo tipo de verdugos, pero especialmente los que me dejaban sin postre. ¡Nunca tomé postre! Aún hoy debo postres, ¡mira si me habrán castigado! Creo que los fruteros españoles o su sindicato deberían protestar enérgicamente por este tipo de castigo. ¿Por qué no nos castigaban sin el primer plato, sin la sopa de ajo, por ejemplo? ¡Toma!, porque la sopa de ajo es más barata que la macedonia de frutas.

No, si al final todo es economía, como aquello de:

—Y si suspendes te quito del repaso.

¡Claro!, porque el repaso era lo que costaba una pasta.

¿Y los idiomas?

—¿Para qué, si éste no va a ir al extranjero?

—¿Cómo que no voy a ir al extranjero? —preguntaba como un imbécil.

De pequeño ya sabía que de mayor iba a ser extranjero o astronauta, y ya me ven, español y andando a todos los lados. Y lo sabían porque de pequeño estaba en la Luna... o en Babia.

El «sesino»

Tengan cuidado porque tengo muy mala leche. Que ustedes a mí no me conocen, pero cuidadito, ¡que soy muy malo!

Me llamo Valentín y soy «sesino»... ¡conque no les digo nada más! Que yo empecé matando el tiempo, y como me iba bien y no daba golpe, dije: «Pues a seguir matando, pero ya más profesional.»

Entonces decidí matar toros, pero ¡coño con los toros! Te despistas un momento y te matan ellos a ti. Además te tienes que gastar un dineral en el traje de luces, en contratar a los picadores... y luego las huellas que dejas. Y si la corrida es televisada, ¡ni te cuento! Así que me coloqué una temporada en una granja de asesino de pollos, pero sólo de pollos, que yo soy muy macho; las pollas ni tocar.

Lo que pasa es que a mí me está costando mucho ser malo, porque resulta muy duro: todo el día ahí con las gafas puestas y metido en la gabardina, con el calor que da. Pues me está costando, sí. Una vez le di un pisotón a una señora y le pedí perdón más de tres veces; y no porque ella me diera con el bolso, no, sino porque me salía de dentro.

Y es que para ser malo hay que nacer, y yo no es que no haya nacido, que he nacido y aquí estoy, pero no soy malo. Únicamente dije: «Voy a probar de franco-tirador, jodé», pero hay que tener una puntería que para qué, porque disparas y te cargas un macetero o una moto en vez de al tío. Y ya has hecho la gracia.

En cuanto a lo de degollador, me da mucho asco. Eso de meterle a alguien el cuchillo y atravesarle... ¡lo pones todo perdido!

¿Y envenenador? ¿Cómo mato a una persona envenenándola? Pues anda que no cuesta: tengo que invitarla a cenar o a una copa, intimar con la víctima, y encima de cargarme el mochuelo por matarla tengo que pagar la cuenta.

Otra posibilidad es atropellar, pero destrozas el coche, te suben la prima del seguro, tienes que quitar el muerto de la carretera, colgarlo por los pies y subirlo a un puente de la autopista, para así tener coartada y hacer ver que lo han atropellado otros y tú también porque se había puesto a hacer *puenting*. ¡Un rollo, colega!

A mí me encantan los americanos, que son profesionales para todo. Vamos, lo digo por lo que he visto en el cine. Los tíos tienen unos maletines que para qué, y pistolas con silenciador y mira telescópica. No les falta ningún detalle. Aquí, ese maletín no lo tiene ni la Señorita Pepis. Es que los tíos son muy profesionales: empiezan ya en la escuela, a la que van con un guante de béisbol en una mano y un revólver en la otra. Y atrévete a hacerle al niño alguna pregunta que no le guste. Se carga a cuatro o cinco.

Aquí lo único que te puedes cargar tranquilo es un saco de cemento.

Después de ver una peli yanqui puedes matar como en *Psicosis*, en la bañera, con unas tijeras. Pero a mí eso se me hace muy cuesta arriba: entra en la habitación, da con la puerta del cuarto de baño, mientras la chica está allí, ¡en pelotas!... ¿A ver cómo la matas con ese cuerpo? ¡Como no la mates a polvos! Si ya me pasó una vez y me casé con ella.

En fin, que no es fácil matar. La gente se llena la boca diciendo: «Me vas a matar a disgustos si sigues bebiendo...», pero yo pienso: para matarla, aunque sea a disgustos, tienes que emborracharte todos los días... ¡Es un desastre para tu hígado!

Hace ya tiempo que descarté lo de ser asesino en serie. ¡Coño, no me atrevo con uno y los voy a estar matando a uno detrás de otro! Eso ya es poner un negocio.

También se puede morir de amor, pero la fórmula es más lenta: la tienes que enrollar, llevarla a buenos restaurantes y al cine, comprarle flores, un coche, un apartamento... y luego la tienes que dejar de repente, para que no lo resista y se muera de amor. Pero para entonces igual se ha enrollado con otro y el que está colgao por ella eres tú... ¡Un mal rollo, colega!

También puedes sobornar al Cupido para que le dé el flechazo sólo a ella, y ahí sí que tienes coartada.

Yo, ya les digo, lo he probado todo, hasta ser el asesino del tren de medianoche, que suena muy bien, pero te pegas toda la noche sin dormir y al día siguiente, a poco que se fijen en ti, te dicen señalando con el dedo: «Ése, ha sido ése, que lleva ojeras.»

Y además el cuidado que debes llevar; por ejemplo, tienes que ir en el tren a matar sin el teléfono, sin el móvil, porque es lo primero que busca la policía. El móvil. Vamos, yo por lo que he visto en las películas. Pues ahora que digo policía, un día me fui a entregar a la policía por el instinto asesino que tengo. Entré y les dije:

—Vengo a que me detengan.

Y va y me dicen:

—Y usted, ¿qué talla tiene?

Y les digo:

—¿Cómo?

Y es que se ve que con los nervios, en vez de entrar en una comisaría, entré en una camisería... y, ¡hombre!, me quería hacer un corte de mangas.

El golfista: cuestión de meterla

¿Han visto por aquí un hoyo?... Sí, un agujero negro vestido de verde, mejor dicho, con verde alrededor. Tiene que tener un palo clavado, como para identificar dónde hay que meterla, porque meterla hay que meterla, pero no vale cualquier agujero, tiene que ser el hoyo marcado. Llevo buscándolo un buen rato, y es que además hay que encontrar dieciocho... ¡Anda que no son agujeros para uno solo en una tarde!

Por cierto, yo no he visto un juego más erótico que el golf: que si el palo, que si el agujero, que si las bolas, que si métela, que si se me ha salido, que si inténtalo de nuevo… Es el deporte que más se parece al boxeo: ¡todo son golpes! Que si golpes por aquí, que si golpes por allá... Ya lo dijo mi mujer cuando aprendía este deporte:

—Esto del golf es como cuando me saqué el carné de conducir. ¡Todo son golpes!

Que luego es normal que la bola reaccione como reacciona: yéndose por los cerros de Úbeda y escondiéndose en los sitios más inverosímiles. ¡Claro!, con esos golpes que se les da, ¿qué van a hacer las pobres sino vengarse?

Y eso que así, a simple vista, el golf parece fácil. Hay dos bolas, una muy grande, la Tierra, y otra muy pequeña; la pequeña hay que meterla en el agujero de la grande. Sí, sí, meterla, y no es difícil lo de meterla... parece un juego de carniceros: te pasas el día sacando chuletas.

¡Y si las hormigas hablaran! Me cargué el otro día de cinco golpes dos hormigueros completos, y la pelota allí, mirándome, como diciendo: «Hala, decídete ya.» Y ¡zas!, nada. Dos hormigas se subieron a la bola y ya me imagino lo que se estarían diciendo: «Ven aquí, que éste es el único sitio seguro.»

¿Ustedes se acuerdan de los terremotos que hubo hace un año? Bueno, pues fui yo quien los provocó. Le metí dos mangazos a la bola gorda y, ¡claro!, esa fuerza por algún sitio tenía que salir.

En lo del golf también hay diferencias entre lo masculino y lo femenino. Una mujer cuando está en el *green* pateando dice:

—A ver si me entra.

Sin embargo, un hombre dice:

—A ver si la meto.

Y un mayor de 75 años dice:

—A ver si la encuentro.

Y es que los abuelos tienen gracia en lo suyo. El otro día jugaban delante de mí dos, y el uno le comentaba al otro:

—Yo de vista voy fatal.

Y el otro le contestaba:

—No te preocupes, que yo veo muy bien, dale.

Y le da. ¡Zas!

—Tranquilo, que la he visto.

Caminan hacia la bola:

—¿Dónde está?

—No me acuerdo, chico. De la vista estoy bien, pero de la memoria...

Siguen andando muy despacio:

—¿Por qué para animarnos un poco no nos jugamos a la mujer?

—Vale.

Y continúan al mismo ritmo.

—Oye, ¿y si para darle un poco más de aliciente nos jugamos una cajica de bolas?

Es que en el golf cada uno va a su bola, y además hay mucho colgado. Delante de mí salió uno que pinchó la bola en el *tee*, con todo el sol de cara, y cuando le iba a dar a la pelota vio que venía por mitad del campo de golf una joven vestida de novia con un montón de invitados detrás. Ella se paró delante suyo y le dijo:

—¡Pero vamos a ver, Juan, ¿tú no sabes que te casabas hoy?!

Y él le contestó:

—Si llovía, te dije que si llovía...

En los campos de golf yo he visto de todo: un señor muy rico con una señora y el cady. Le da un golpe y se le mete la bola en una caseta, oye, en el centro de la caseta; se meten los tres y le pregunta el hombre al cady:

—¿Con qué palo le doy a esto?

Y el cady contesta:

—Yo le daría con un hierro 7 y la sacaría por la ventana al centro de la calle.

El hombre coge el palo, le da, pega la bola en el marco de la ventana y… ¡zas!, un golpe a la mujer en toda la cabeza que la mata.

Al año siguiente, en el mismo campo y en el mismo hoyo, sucede lo mismo; la bolita que hace un *slite* y se le mete en la caseta otra vez. El hombre pregunta al cady:

—¿Qué hacemos?

Y le contesta el cady un poco asustado:

—Yo cogería un hierro 7, le daría un golpe y la sacaría por la ventana para dejarla en la calle.

Y le dice el viudo:

—¡Pero es que eres tonto, ¿o qué?! ¿No te acuerdas que el año pasado terminé el hoyo en ocho golpes?

¡Vaya con el tío, que a pesar de haber matado a su mujer siguió jugando!

También he visto partidos «divinos». Estaba Moisés jugando con Jesucristo y un viejete; coge el palo, le da a la pelota y... ¡zas!, al agua, en mitad del estanque. Se acerca, toca el agua con el palo y se separan las aguas. Todo el mundo como loco grita: «¡Moisés, Moisés!» Le da un segundo golpe y… al hoyo. Todo el mundo como loco: «¡Bravo, bravo!»

Sale Jesucristo con un tremendo *drive* y la bola al lago, pero en vez de hundirse se queda flotando. Se acerca caminando Jesucristo por encima del agua, le da un segundo golpe y… al hoyo. Todo el mundo: «¡Bien, bravo, Jesucristo, Jesucristo!»

Coge el viejecito la madera, le da un golpazo y, cuando la bola va a entrar en el agua, salta un pez y la coge con la boca; cuando el pez va a entrar de nuevo en el agua, baja un águila, coge al pez y se lo lleva; pero cuando está por las nubes sale un rayo, mata al águila y cae al suelo, y entonces suelta al pez, el pez suelta la bola y la bola entra en el hoyo. Todo el mundo loco: «¡Genial!» Se acerca Jesucristo al abuelo y le dice:

—Papá, si vas a estar vacilando no juego contigo al golf.

La verdad es que se trata de un deporte que engancha mucho, aunque también tiene sus cosas buenas. Desde que yo juego al golf, voy todos los días a hacer la compra, por eso de llevar el carrito.

Mi cuñado

Me gustaría hablarles de mi cuñado, yo creo que mi cuñado es un fenómeno, con decirles que yo me casé con mi mujer para que él fuera mi cuñado, ¡no les digo más!

Y eso que no se puede decir que sea muy trabajador, que no lo es, una vez fue a buscar trabajo a una obra y le dijeron:

—Trabajo, poco hay.

Y él contestó:

—¡Fenómeno! Yo con poco tengo bastante.

Antes trabajaba en una fábrica de calzoncillos, y un día se le ocurrió decir delante del encargado:

—El futuro lo veo negro.

Y lo, echaron de la empresa por racista.

Quiso hacer una huelga en la fábrica, pero como era una empresa multinacional, los dirigentes sindicales no sabían tantos idiomas. Entonces él se enfadó muchísimo y empezó por su cuenta una revolución social. Entró en un restaurante de cinco tenedores y se puso a comer con las manos. Luego dijo que como las tenía sucias no podía sacar la cartera por no mancharse el pantalón, y se fue sin pagar. Además salió vociferando:

—¡Tengo ganas de que lleguen los robots y terminen con la lucha de clases!

Porque él siempre decía:

—A la velocidad que va la ciencia pronto la perderemos de vista.

Y fue decir eso, estornudó y se le fue la lentilla.

Y la verdad es que pasó una temporada fatal, le dio por la cleptomanía. Una vez salió corriendo de un bar con una silla, venga a correr por toda la ciudad, hasta que el camarero a la media hora le dio alcance, entonces él se sentó en la silla, y le dijo:

—Tráigame un café largo, por favor.

En otra ocasión trató de atracar un banco, y entró con un «barco» para tener coartada por si le pillaban.

—¡Eh! ¡Usted está atracando!

—¡Sí señor, el barco!

La verdad es que no tenía mucha suerte. Una vez mató dos pájaros de un tiro, y lo detuvieron por disparar.

Pero es que hay que reconocer que era muy raro. Enseñaba una fotografía de un espermatozoide y explicaba:

—Así era yo de pequeño.

Le gustan los juegos de palabras porque pierde menos que en los juegos de azar. Es más aficionado a la astronomía que a la gastronomía, por eso un día se acercó a Viajes Halcón y le pagó unas vacaciones a su suegra a un «agujero negro» de no sé qué galaxia, para no volver a verla más, pues le salió muy bien de precio.

La verdad es que no hay forma de hablar en profundidad con él, un día le pregunté:

—¿Qué opinas de Plinio, Sócrates, Platón, Kant, Hegel...?

Y me contestó:

—Lo que quieras, cuñao, pero no ha habido otro como Pelé, o Maradona.

A mi cuñado en la fábrica le hicieron un test de inteligencia y dio «casi».

¡Hombre!, con decirles que pensaba que un «kuwaití» era un cubano que se había ido a vivir a Haití. Claro que yo también me lo creo todo. Una vez me dijo que llevaba media vida cuidando su estatus, y yo creí que hablaba de su coche.

Claro que, por esa regla de tres, todas las personas que no pertenecemos al servicio de inteligencia deberíamos ser lelos, y eso no es así ¿no?

Él afirma:

—Yo no tendré muchas luces...

—Mejor —le digo—, así pagarás menos de recibo.

—Pero un bostezo mío es más elocuente que el discurso de cualquier político.

Y ahí no quiero entrar yo, en política, ya está bien los que están.

Más le valdría preocuparse por su salud, que está siempre en los médicos. Hace poco se cayó en un pajar y se clavó la aguja. Sufre de alergias varias, le tiene alergia a los cactus porque dice que cada vez que los toca le pinchan, y al oxígeno. Y se marea con la rotación de la tierra. También tiene hernia de disco, pero a él le duele el doble porque la tiene en estéreo.

Yo le dije que lo que debería hacer era abrazar alguna religión. Bien, pues él, en lugar de abrazar una religión, como es tan despistado, abrazó a una religiosa y tuvo problemas.

Después se enamoró de una muchacha de quince años, pero sus hijos, los de ella, se opusieron a esa relación.

Trataba de convencer a las chicas de que la eyaculación precoz es el placer de la velocidad.

La noche de bodas parece ser que se la pasó tratando de convencer a mi cuñada de que la impotencia se la había provocado el flechazo de Cupido, que fue a darle precisamente ahí.

Cosas de la tierra

Animaluchos

Yo no creo en los horóscopos. ¿Se han preguntado alguna vez quién les pasa a ellos la información?

Hoy he leído: «Todos los Leo con ascendente Tauro se enamoran de una Virgo...» ¿Dónde está? ¿Dónde hay una Virgo en estos tiempos?

Y además, ¿quién escribe los horóscopos? El otro día vi a un adivino en la televisión muy apenado por la muerte de una amiga, y él, digo yo, ya lo debía de saber.

La verdad es que sí, que tengo días, porque yo soy Capricornio, o sea, Cabra en el horóscopo occidental y Tigre en el oriental. Así que el día que el tigre se quiere comer a la cabra... ¡no se pueden imaginar cómo lo paso! La cabra se tira al monte, el tigre se tira a la cabra... ¡En fin!

No sé si ustedes se habrán parado a pensar, pero estamos rodeados de animales. Miren a su alrededor y, si se fijan bien, verán que usamos a los animales para todo.

A mí, por ejemplo, que llevo estos pelos así, me dicen que tengo pelos de *erizo*. Y yo no conozco a ninguno personalmente.

Al que es tonto, si no sabe, le llaman *burro*. ¡Ya ves tú, burro...! Ya quisiéramos muchos parecernos a los burros; al menos ellos tienen un puesto de trabajo seguro, aunque sea en el campo, y hacen y van por donde les da la gana. Ya les puedes dar lo que les des, que ellos van a la suya: les dices «arre», y se paran, les dices «so», y arrean.

Y si eres listo te llaman *zorro*, que es como un insulto, porque por lo que se caracteriza el zorro es por robar gallinas, o sea, que casi, casi te están llamando ladrón.

Si somos buenos nos llaman *corderitos*. ¡Pues yo no quiero ser un corderito, porque viene el lobo y te come!

Si estás con mucha fiebre, te dicen que tienes una fiebre de *caballo*. Ya ves, eso que se chutan algunos. A mí no me gusta que se me relacione con el caballo, casi prefiero el *cerdo*. ¿Saben ustedes a cómo está el kilo de pata negra?... Si del cerdo se aprovecha hasta el pelo para hacer cepillos.

Vamos, que si nos quitan los animales nos quedamos sin poder hablar.

También medimos la potencia de los coches en caballos. Esto es para ponerse a llorar. Y ésa es otra, porque depende de cómo llores te dicen que tus lágrimas son de *cocodrilo*.

Que si corres como un *galgo*, que si eres un *gusano*, que si *conejo*, que si *almeja*... ¡Joder, y todo es de comer!

Pero esto ocurre en lo masculino y en lo femenino, o sea que ellas también:

Si es mala, que es una *víbora*.

Si está buena, que vaya *pichón*.

Si es buena, que parece una *gatita*, ya te digo, una gatita, ¡con lo que arañan!

Si está gorda, una *ballena*.

Si es fea, que es como un *loro*.

Si se pone piripi, que ha cogido una *mona*... Sin embargo, los hombres no nos ponemos piripis, sino que nos emborrachamos, y en lugar de una mona cogemos una *merluza*.

Si estás perezoso, te llaman *perro*.

Si estás loco, que estás como una *cabra*.

Si estás divertido, que haces el *ganso*. Y ¿dónde tiene la gracia el ganso? ¡Como no sea en los huevos, que los tiene de colores! Cua-cua-cua.

A veces incluso troceamos al animal y decimos: «¡Éste tiene cuernos!» O sea, que no hace falta cogerlo entero.

Si estás borracho te dicen que llevas una trompa, y encima la militarizan: «¡Lleva una trompa de general!»... Pero ¿dónde lleva la trompa el general?... ¿de cintura para abajo? ¡A ver si es el sable!

Los niños tampoco se escapan:

Que si se mueve más que el rabo de una *lagartija*.

Que si «hablas más que una *cotorra*, y que sepas que por la boca muere el *pez*». Y el niño lo mira con cara de *perro* y le contesta: «¿Yo pez?... Tú sí que eres un *merluzo*, que me tienes de *conejito* de Indias.»

Los toreros hacen el salto de la *rana*, y así es como despistan al toro, que piensa: «¿Qué hace ésta aquí dando saltos?»

La rana, además, nos es muy útil porque nos dice si nuestra señora está embarazada o no... Bueno, por lo menos así era antes, ahora te lo dice el ginecólogo.

También en nuestras exclamaciones hay montones de animaluchos:

Vale más *pájaro* en mano que ciento volando. Déjese usted el pájaro en paz, que no tiene edad para andar ahí con él en la mano, ¡hombre!, no vaya por ahí tocándoselo.

Perro ladrador, poco mordedor. ¡Coño!, y si no ladras eres un perrito faldero.

Cuando gritamos nos dicen que nos ponemos como una *fiera*. Y ahí sí que tienen razón: nos ponemos como fieras al matar un cocodrilo para hacernos un bolso, o unos zapatos. O matamos una foca para hacernos un abrigo. ¿Se habrán enterado éstos de que en Tarrasa hay fábricas textiles? Y los japoneses y noruegos, ¿se habrán enterado de que para comer no hace falta matar ballenas?

¿Tenemos que matar un ciervo para colocar su cornamenta en la pared, o bastaría con colocar cada cual la suya?

¿Tenemos que matar a un oso para hacernos la foto, con la cantidad de peluches que hay por ahí?

Y ahora perdonen, pero se me está poniendo un humor de perros.

Que sean felices y coman perdices... ¿Lo ven?

¡Sin los animales no somos nada!

Olores y ruidos

El otro día fui a ver una película de *suspense* y no me quedó más remedio que suspender al vecino de butaca. ¡Qué ruido! Entró en la sala cargado como los Reyes Magos con los regalos, se sentó después de dar una patada a la butaca para que se bajara —porque como ya he dicho llevaba las manos ocupadas—, se quitó el abrigo, la chaqueta y la bufanda, los colocó sobre las piernas, como si de una enorme servilleta se tratara, y después se agachó a pescar los nachos.

Odio a los Ignacios ésos, digo a los nachos. ¿Cómo hay gente que se puede comer eso...? ¡Ni aun teniendo hambre! Es imposible. ¿Los han olido alguna vez? ¡Son horrorosos! Huelen peor que la comida de perro pasada de fecha.

Cuando comenzó la película, mi vecino de butaca y su mujer empezaron a comerse aquello... y ¡a dúo! Si no rumiaba uno, lo hacía el otro. Y esto mientras la cámara iba en silencio tras los pasos de la víctima. Y tú, escuchando cómo remueven ese vaso de Coca-Cola lleno de cubitos de hielo. ¡Con ese ruido no hay quien se concentre en la película! Dan ganas de ponerse de pie en mitad del cine y gritar: «Éste, éste es el asesino», señalando al comensal.

¿Y cuando abren la bolsa de las patatas fritas? ¡Como si el cine fuera de ellos...! ¿Y cuando se chupan los dedos para limpiarlos de la salsa de los nachos? ¿Es normal? ¿Hasta cuándo debe uno soportar tal falta de educación? Supongo que hasta que en los cines dejen de venderlos.

A todo esto, pasada media película, terminan con los nachos y empiezan con las palomitas. Y las palomitas en la boca hacen el mismo ruido que las ovejas comiendo. Y vuelven a beber, como los peces en el río.

Cuando mis vecinos terminaron de comer, les pregunté con voz de cine:

—¿Quieren que les traiga un café?

Y menos mal que no me contestaron, porque si me llegan a decir que sí, les hubiera dicho:

—Pero con mala leche, que ésa la pongo yo.

¡Coño, que al cine hay que ir a ver la película, no a cenar!

También hay otros casos de ruido sonados. Por ejemplo, cuando te acuestas en un hotel con más estrellas que en Hollywood, a las tres de la madrugada, y a las nueve se te mete la chica de la limpieza en la habitación y te suelta:

—¡Uy!, perdón, no me había dado cuenta del cartelito.

Justo en ese momento se oye a la compañera decir desde el pasillo y con voz para sordos:

—¡Magdalena, no entres en la 340 que el señor ha llegado tarde!

Y piensas tú: «¡Coño!, Magdalena, a ver si va a ser el desayuno que me envía el hotel.» Y le preguntas:

—¿Por qué no te quedas y desayunamos juntos, Magdalena?

Es que hay ocasiones en las que las magdalenas están para comérselas, aunque engorden.

Pero si sólo fuera ese ruido... Hay más: los que tocan el claxon, el pito, para despedirse del que acaba de bajarse del coche después de estar una hora despidiéndose. Se tiran toda la noche dentro del coche despidiéndose y, cuando baja uno, dice el otro al mismo tiempo que arranca: «¡Adiós!», y acompaña el saludo de un *piiit*.

¡Y si sólo fuera ese pito!

Yo me pregunto: ¿el camión del butano no tiene otra forma de avisar a su clientela que tocando el claxon desde las nueve, para ser exactos? Alguno, incluso, para que no lo confundan con un coche aparcado en doble fila, agita las botellas haciendo más ruido que las campanas de la catedral. Y por si esto fuera poco, va el tío y grita: «Butano, butano.» Yo no sé si es por el ruido del pito, por el de las botellas al ser agitadas o por el alarido del butanero, pero estoy a punto de explotar.

¿Y qué me dicen de la doble fila? Ésa es otra. Va uno —qué digo uno, ¡medio país!— y deja el coche en doble fila. Cuando llega el que está bien aparcado, como no puede salir, ¿qué hace?... Pues tocar el pito sin ninguna pena, *piiit*, *piiit*, *piiit*... para que el otro baje a quitarle el coche.

Digo yo: y si en lugar del infractor baja un ciudadano con enajenación mental transitoria y le mete 70 puñaladas, ¿quién es el culpable? Porque ese hombre estaba en su casa leyendo un libro o rellenando un formulario, y usted y su pito le han tocado el suyo. ¿Qué hacemos entonces?

A todo esto, cuando baja el que dejó mal aparcado el coche, no se te ocurra decirle nada, que vas y te la cargas por incordiarle. Lo primero que te dice, en tono fuerte, es que ha sido sólo un minuto. ¡A ver cómo cuenta el tipo los minutos, porque según tu reloj han pasado 10! Y todo ese tiempo molestando al vecindario, con el riesgo además de que se presente el psicópata.

Por eso digo yo que no hay quien duerma. ¿Y si en la habitación de al lado te toca una pareja fogosa, de esas que están echando una cana al aire? ¡Para qué quieres más! ¡Es horrible! *Aggg*, *ayyy*, *aggg*, *sí*, *sí*, *sí...* Y tú como loco buscando por todos los canales de televisión a ver qué película están viendo, hasta que compruebas que no es una peli, sino que es de verdad, ¡y justo a tu lado! Y entonces piensas: «Lo cojonudo es que mi mujer se cree que el que está ahí, en la otra habitación, soy yo.»

Y es que ésta es otra. Llegas a casa el día X por la tarde, justo cuando dijiste que ibas a llegar, y te dice tu mujer delante de los niños:

—Eso es que no te salieron las cosas bien, que no ligaste.

Lo mismo que te dice si llegas un día antes:

—¿Qué, te ha fallado el ligue y te presentas un día antes, no?

Pero si llegas un día después porque se te ha complicado la cosa, todo cambia. Y dice otra vez delante de los niños, gritando:

—¡Claro!, llegas tarde porque habrás ligado con alguna lagartona, y mientras tanto nosotros aquí esperándote.

Así que por favor se lo pido: lean en voz baja.

La boda. ¿Quién se quiere casar conmigo?

Me encantan las bodas. Antes no me gustaban, pero he tenido que ir a tantas que me he hecho un experto. Ahora las veo como un fenómeno sociológico y les he cogido el gustillo.

Estoy pensando en proponer en televisión el proyecto de un Canal Bodas donde todo el día estén televisando bodas de la gente. Y no haría falta que fueran famosos, que los demás también nos casamos.

¿Qué les parece? Sería genial, por sorteo, y cada dos horas una boda. Contando la vida del novio y de la novia y dónde se conocieron.

—Mari Pili trabaja en un súper como cajera; él es repartidor de pizzas. Le llevó una a su casa y se le cayó a los pies. Así que se pasaron la noche recogiendo la pizza. Los invitados son, Rogelio, Miguel y Segundo, que estuvieron con él en la mili. Por parte de ella, las cajeras, una carnicera y la peluquera.

¡Yo lo veo una idea genial!

Y al que le tocara, cobraría de derechos de imagen y de exclusivas como para que no les costara a los novios todo ese pastón que se gastan, porque hay que ver, ¡qué cantidad de invitados!

En la última boda, se nos subió al coche hasta uno que vendía Kleenex en un semáforo. Paramos porque estaba en rojo, se nos acercó y nos dijo:

—¿Vais a la boda?

Y allí se presentó, les regaló a los novios una caja de Kleenex y se colocó en nuestra mesa.

Y conste que a mí me extrañó que mi cuñado lo dejara subir al coche, porque tiene una táctica: cuando llega a un semáforo y alguien se le acerca para pedirle algo, le da un papel que dice:

«EN ESTA VIDA CADUCA,
EL QUE NO TRABAJA, NO MANDUCA.»

¡Hombre!, yo a los novios también los entiendo, no van a estar contando a los invitados.

Para esto de las bodas, los animales lo tienen más fácil. Se ven, se miran y hala. ¡Sin invitados!

Porque dígame usted a mí, ¿a qué animales iba a invitar un conejo a su boda? ¿A los zorros? ¿A las águilas? Porque inviten a quien inviten, van a la boda y se lo comen.

Sin duda alguna, lo mejor de una boda es la noche de bodas y el viaje de novios. Yo, noches de bodas de momento, he asistido a una, y escuchado otra. ¡Toda la noche sin pegar ojo!

Decía él:

—Ahora tú arriba y yo abajo.

Al rato:

—¡Acchh! No, mejor yo arriba y tú abajo.

¡A ver quién duerme así! Al rato, se la oía a ella:

—Déjame a mí encima.

Pero lo más gordo fue cuando él dijo:

—Mejor los dos arriba.

Bueno, pues no es lo que se imaginan. Estaban cerrando la maleta.

¡Claro! ¡Con tantos regalos!, que eso es lo peor para los invitados, los regalos.

La lista de bodas es como la lista de Schlinder. ¡No sabes a quién rescatar! Te inclines por lo que te inclines, te cuesta un pastón. ¡Y anda que ponen la lista de bodas en una tienda de todo a cien! Y encima yo creo que los novios, ni se enteran de lo que les regala cada cual.

Los hay que optan por dar dinero. Ese dinero se junta con más dinero de otros que han hecho lo mismo, y al final pasa lo que les acabo de contar. Que no saben quién les ha dado los 10 euros que el novio le ha dado de propina al botones del hotel la noche de bodas.

¡Por cierto!, mi cuñado fue a un hotel tan fino, que a mi cuñada la entró en brazos a la habitación el botones, y luego se vieron negros para echarlo.

Pero a lo que vamos. Que no me imagino a los novios de viaje por el Caribe diciendo mientras vuelan:

—Mira, este viaje nos lo pagó tu tía Leonor, tu primo Santi y los de la oficina.

Y luego está lo del banquete, que también lo sufren los invitados, porque tienen que comer lo que ellos creen que les va a gustar a todos. Y luego pasa lo que pasa. Que en la última saltó un mariquita vegetariano:

—¿Y nosotros, qué? Que acabamos siempre comiéndonos las flores que adornan las mesas.

Y siempre hay alguno de los que no les debe de gustar la comida, que son los que le cortan la corbata al novio y las braguitas a la novia, y las van vendiendo a pedacitos por las mesas. Que da la sensación de que con la calderilla que sacan se van a ir a cenar a otro sitio.

Pues aquí donde ustedes me ven, hoy también voy de boda, sí señor, a la boda de mi mujer. Que se casa con otro, afortunadamente, y me ha invitado. Yo ya fui a su boda una vez, luego nos «desbodamos», nos separamos amistosamente. ¡Aún tengo este brazo medio roto! ¡Qué paliza me dio! Vamos, que se llama Mari Paz, y desde entonces la llamo sólo Mari.

Y todo porque me pilló hablando con la vecina. ¡Todo el mundo habla con las vecinas! Para eso están.

Claro que me pilló hablando con la vecina en la cama. Que aún no le he dicho nada, pero es una falta de educación entrar sin llamar.

Y ahora quiere que la lleve al juez casón, al que la va a casar, a un juez de paz, que conociéndola tendría que ser un juez de guerra.

Todo el mundo no puede hablar igual del matrimonio; tengo un vecino que hace poco ha celebrado las bodas de plata, y le dijo a su mujer:

—Te voy a llevar a China.

—Qué contenta estoy —contestó ella—, ¿y en las de oro?

—En las de oro iré a buscarte.

Para bodas, las de nuestros abuelos, que les duraba toda la vida. Mi abuelo estuvo cincuenta años casado y jamás vio desnuda a mi abuela. Y en la cama siempre con la luz apagada, y se entretenían quitándoles el refajo, la camisa de fuerza. Y la noche que acertaban aumentaba la familia. ¡Hacer el amor entonces era muy embarazoso!

Las bodas del futuro ya me las imagino yo, por Internet. Te podrás casar con una sueca sin salir del salón de tu casa.

Lo malo será la noche de bodas. A ver con quién la pasas.

¡Ahora, que lo que te ahorras en banquetes! No me dirán que no sale barato.

Teleanuncio

¡Cómo es lo de la tele! ¿Se han fijado últimamente en su dedo gordo, en el pulgar? Pues fíjense, y verán como lo tienen más gordo. ¿A que sí? Claro. ¿Por qué? Por hacer *zapping*.

Cogemos el mando a distancia y parece que estamos jugando a matar marcianos, zas-ca, zas-ca, zas-ca. Venga a cambiar de canales, hasta que en uno aparece un tío en calzoncillos; y nos quedamos ahí, a ver si averiguamos por qué está ese tío en calzoncillos, a ver si le cogemos el aire o qué le cogemos.

Y claro, como nos pasamos la noche cambiando de canal, al día siguiente en el trabajo, en el mercado, o en la oficina, nos hacemos una empanada contando el programa que vimos. Porque no hemos visto uno, hemos visto cinco a la vez. Así que no sabes a ciencia cierta si el concurso de turno se lo hicieron a Robert Redford a Finidi, o fue Carmen Sevilla la última chica James Bond que al final huye con Carlos Herrera al Open de Australia.

Es empezar los anuncios y empezar con el mando: zas-ca, zas-ca. ¡Con lo buenos que son los anuncios! A mí me entretienen muchísimo, con decirles que de la tele sólo veo los programas en los que participo, desde el plató, y la publicidad. Y conste que los amantes de la publicidad estamos de enhorabuena, ya que tenemos 682 horas mensuales de anuncios televisados.

¡Anda que no hay para elegir! Tenemos anuncios de todo tipo. Los hay que te hacen recordar: «¿Problemas con el tubo de escape?» Y te acuerdas de ese familiar flatulento, que no deja de echarse vientos. Y te dan ganas de decirle:

—Pásate por Midas.

Gracias a la publicidad hemos podido saber que King Kong, el gran mono del cine, ha tenido que dejar de hacer películas porque se le quedó un Audi 4 pegado a la mano. Y claro, no va a ir por ahí con un coche en la mano.

También hemos podido descubrir lo que cena Dios. Un bocadillo que le sirve Pans & Company a través de un ángel mensajero por poco más de un euro, que no sale tan caro.

Hombre, también los hay que te dejan pegados al sofá: Una compañía de seguros que te dice «Vive». Y se tiran todos desde un puente. ¡Qué cuerpo te dejan!

Otros te dejan pensando, ¿me lo compro o no me lo compro? Como a ese que le están viendo dos tíos y le preguntan:

—¿Es usted Luis Sánchez? Acompáñenos.

Y le anuncian:

—Tres épocas distintas y siempre coche nuevo.

Y, claro, digo yo: si te compras un coche, un Seat, y te van a andar interrogando... Y luego te dicen que te pases por tu concesionario y que preguntes por la compra «comodín». Que digo yo que habrá que preguntar quiénes son esos dos.

En el apartado de coches hay anuncios muy buenos, incluso machistas y feministas.

«Te voy a hacer un regalo de 1.190.000 pts.» Y va ella y le dice:

—¿Y con eso qué me vas a comprar?

Y, con las mismas, le pega un puñetazo, ¡zas-ca!

Pues, hija, no sé de qué te quejas, te regala un Fiat con tres años de garantía y aire acondicionado. ¿Qué más quieres? En mis tiempos, con un Simca mil, hacíamos locuras.

Los hay «machistas». Como ese que le dice a una chica:

—Si tú pagas la comida, yo pongo la gasolina. Si tú pagas el hotel, yo pongo la gasolina. Si tú pagas... Total, que al rato aparecen las tres con el coche de gasoil por lo que paga todo él.

¿Y cuando baja la Claudia Schiffer las escaleras y se va desnudando, y va y se mete en pelotas en el auto, con el *air bag* puesto? Verás como se ponga de moda eso de ir en pelotas en el coche. Ya veo yo la cara de la Guardia Civil cuando te pare.

—¡Eh!, oiga, que yo voy a la moda, y encima me ahorro el aire acondicionado.

Éstos de los coches son tremendos. Me gusta ése en que se le cruza un erizo, y el otro por no atropellarlo pega un frenazo que deja el coche clavado, para presumir de a.b.s., cuando lo que tiene que estar pensando es en el que va por detrás, y no dejar el coche parado en mitad de la calzada sin más ni más.

O esas dos ranas amarillas que se ponen a cruzar una carretera justo cuando vienen un montón de coches, uno encima de otro. ¡Vaya forma de transportar los coches!, en mis tiempos lo hacían con camiones, y no, uno encima del otro! Van en pirámide, y por no atropellar a las ranas pegan un volantazo, se caen siete u ocho coches al suelo, y son amarillos, como las ranas.

Ahora que digo de las ranas, ¿y esas ranas que se pasan el anuncio eructando?

Brum... va, brum, va, se.

Que se ve que se han tomado una cerveza y les ha sentado mal. Estas ranas son familia de las que cruzan la carretera cuando se caen los coches.

Luego están los anuncios escatológicos. ¿Se han fijado ustedes que todos los días a la hora de comer, comas a la hora que comas, y en el canal que pongas, aparece la señora de las compresas? ¡No hay forma de librarse de ella! Yo he probado a comer a la una, las dos, las cinco, es sentarme y ¡zas!, la de las compresas. La tengo con aire, sin aire: Mire cómo le quito el aire. Y encima le echa azúcar, para que veas cómo absorbe, le han puesto alas, y, siendo más fina, absorbe más.

Después de ése, y siempre a la hora de comer, salen corriendo unas cucarachas que huyen de un terrible insecticida.

A todo esto tu mujer ha limpiado el baño con WC Net, fosa antiséptica... que mata toda clase de bichos. ¿Y el susto que te pega, qué? Porque vas a tirar de la cadena y te preguntas: «¿De dónde he sacado yo esto?»

En la soledad del baño es cuando me acuerdo de Calgón. Con Calgón esta resistencia estaría nueva... Sin Calgón está «así» y con 50 euros de factura.

Y luego te vas a la cama y también te da no sé qué. Yo tengo un Pikolín y no pego ojo. ¡Claro!, me paso la noche pendiente de que no me pase como en el anuncio: se ve a un matrimonio durmiendo, entra un tío con una motosierra, les corta la cama, los pasea por toda España y ellos siguen durmiendo, sin enterarse de nada. ¡Qué corte!

¿Y el de la agenda? Entra un tío en un restaurante y le pilla la agenda a una señora y se la rompe. Me lo hace a mí ¡y no le doy nada!

Como el del butano, que primero el portero friega, luego el niño le tira las canicas, que casi se mata, y, cuando llega arriba, la señora le dice que no quería una sino dos bombonas. ¡Yo la mato! Claro, que luego me dicen ¡es que tú, tienes un «pronto»...! Pues tengo mucha suerte, ya me lo han querido comprar los de Johnson un montón de veces.

Esperando a una mujer

¿Han visto por aquí a una chica muy mona con unas curvas y un culito que parece que le ha saltado el *air-bag*? Es rubia, aunque a lo mejor venía de moreno, porque ella no es rubia, que así fue precisamente como nos conocimos. Tropezó a la entrada de un ascensor y yo, al ver «aquello», me eché a reír. Y me dijo:

—¡Tú no eres educado!

Y yo le contesté:

—¡Ni tú rubia, bonita!

Y empezamos a salir, mejor dicho, a esperar... De todas las maneras, como el primer amor no hay nada, ¿verdad? ¿Se acuerdan?

Al principio nos enamorábamos de cualquiera; todo lo que llevara faldas y se moviera valía. Hasta que un día el corazón te hace ¡*pa-ta-pom*! y, a partir de entonces...

Las seguíamos por todas partes sin que ellas se enteraran de nuestras intenciones. Ahí, somos más rápidos que ellas: aún no nos conocían de nada y nosotros llevábamos ya quince días enamorados…

¿Y los comentarios que hacíamos con los amigos?

—Azucena ayer me miró.

Y el otro, lleno de lascivia, preguntaba:

—¿Mucho?

Y tú le decías:

—¡Joder! —como diciendo: «Me ha mirado que me comía.»

Sí, te comía, sí. ¡Las uñas es lo que te comías!

¿Y a la hora de los deberes? Sólo tenías a ella en la cabeza... ¡como para aprobar las matemáticas! Dos y dos, cuatro. Era lo único que te preocupaba: sus dos... y sus dos trenzas. Entonces, las tetillas de las chicas nos parecían las pirámides de Egipto. ¡Una grandiosidad!

La primera vez que soñabas con ser rico era al poco de conocerla, porque pensabas que la deslumbrarías con un yate, una moto, un coche o a caballo... Lo que queríamos era «montarla», donde fuera pero «montarla».

Y como además ella se dejara... Porque le apetecía ser tu cómplice, y se creía todo lo que le contabas. Le decías:

—Pues yo seré astronauta.

Y ella decía:

—¿Y me llevarás contigo?

Y tú decías:

—Sí, claro... —y por dentro decías: «Te llevaré a la "luna de miel"», porque sólo pensabas en eso. En lo único.

Y es que entonces hasta que no te casabas no la mojabas. Si la llevabas al guateque, que era una discoteca para pobres, te lo tenías que hacer todo: apagabas la luz, ponías el disco y la sacabas a bailar, y ella, como haciéndose la tonta, decía:

—No, la otra pieza la bailo contigo.

Entonces ibas tú y cambiabas el disco:

—Ya, ya es la otra.

—Bueno, pero no te arrimes mucho.

Y tú decías:

—No te preocupes…

Y a empujar toda la tarde, que salías con unos dolores de... dolores.

Hasta eso lo hacíamos mal. ¡Claro, como no teníamos educación sexual! ¿Qué educación sexual tuvimos nosotros, ¡coño!? La mía, desde luego, fue a mano.

Ellas llevaban faldas con vuelo, y tú lo que querías es que volaran; como volaba la «paga» de los domingos.

Nos daban para el cine y, si ibas, no veías la película. Tú te montabas la tuya en la «fila de los mancos», que la llamábamos así porque siempre te faltaban manos; miraras a quien miraras, le faltaba una. La chica te decía que le hicieras el pino y se lo hacías... ya lo creo. ¡Estábamos en un pino permanente!

Me acuerdo el día que estrené mi primer traje. Era un príncipe de Gales, pero sin tantas orejas. Salíamos a la calle y nos parecía que todo el mundo nos miraba, pero eso es lo que nos parecía, ya que la verdad es que no nos miraba nadie. Nosotros lo que queríamos era que por lo menos nos vieran los familiares, para que nos dieran la propina y pudiéramos invitar a la chica a un helado a la salida del cine. Claro que, cuando te decían el precio, el que se quedaba helado eras tú. ¡Menudo corte!

Las chicas tocaban la guitarra y tú querías tocarlas a ellas, pero no de oído, sino todas sus cuerdas. Los Beatles cantaban el *Submarino amarillo* y tú sólo pensabas en profundizar con ella. Hasta que un día se marchaba de vacaciones a la playa... ¡y se te hacía eterno! Ella en la playa y tú en el barrio, sin ella, sin verla en traje de baño.

Me pasaba las noches soñando con ser «El Santo», Simon Templar, Roger Moore... ¿Se acuerdan? Como entonces no conocíamos ni a Superman, pues soñabas con ser «El Santo» para ir a la playa y rescatarla de sus padres para siempre.

Lo que sí es para siempre es su madre y el afeitado. La primera vez te queda la cara como si te hubieran echado un gato cabreado. Ese día sí, ese día te mira todo el mundo y coincide con el primer enfado de ella:

—¡Jo, qué corte, nos mira todo el mundo! No me gusta.

Y dices tú:

—Menos me gusta a mí, que encima me escuece.

Es que me había afeitado con la maquinilla que usaba mi madre para las piernas, y te escocía hasta bailando el *Only you*, el primer día que la cogías de la mano. ¡Cómo sudaba la mano! ¡Casi se me ahoga!

¿Y el primer beso? El primer beso era... Lo de subir los americanos a la Luna, nada que ver. Ya hubieran querido subir tan pronto. ¿Y la lengua? No sabíamos qué hacer con ella, si sacarla, si meterla, cuándo sacarla, cuándo meterla...

Y como lo malo llega siempre, un día ella dejaba de salir contigo para irse con un tipo desdentado, dos años mayor que tú. Y en ese momento te conviertes en un asesino potencial de desdentados.

¿Cómo podrá alguien salir con un tío tan mal vestido, con tan pocos dientes y tantos suspensos, que suspendía hasta el recreo? No es de extrañar que diga la gente que el amor es ciego, ¡menudo gilipollas por el que me había cambiado! Y uno se quedaba diciendo: «Como te he querido yo, no te va a querer nadie.»

Pero eso también era momentáneo. Al día siguiente, aquella vecina fea y esmirriada que nunca te gustó, la hermana de tu amigo Javier, ésa, se convertía en tu nueva heroína a juzgar por el beneplácito de todos tus órganos sensoriales.

Y créanme, que de heroínas en Zaragoza entendemos muchísimo. Agustina de Aragón pegó el cañonazo, que fue casi tan sonado como el bofetón que me pegó Clarisa en mitad de la película *Grand Prix*, en el Fleta, cuando aproveché un silencio para meterle mano, creyendo que era el mejor momento.

El bofetón se escuchó en todo el cine y lo más gracioso fue mi reacción. Me levanté de la butaca y dije en voz alta:

—Y la próxima vez te doy otra.

Y me fui del cine entre los aplausos del público.

De reformas

Voy a instalarme yo mismo un inodoro. ¿Les extraña? Pues es por culpa del presupuesto. Del presupuesto inicial al presupuesto final hay una diferencia de más del doble. ¿Por qué? Pues porque, ya metidos en harina, te rebozan, bien rebozado. Por meterte en harina. Viene el que sea y te dice:

—Oiga, si en lugar de esto pone esto otro, que es de mejor calidad, esto le queda que ni comparanza, le queda chachi piruli, y que además le aguanta más.

Y tú vas y poniendo cara de gilipollas preguntas:

—¿Piruli, piruli?

—¡Ya le digo!

—Vale, pues póngamelo.

Y ahí es donde te la clavan, en el «póngamelo». Porque como eso está sin presupuestar, te lo presupuestan a precio de mercado del 2035.

Pero, a todo esto, lo malo no es que te cueste más del doble; lo malo es lo que te gastas en psicólogos, porque acabas loco.

Y ahora me pregunto yo: ¿para qué se mete uno en obras? ¿Qué necesidad tienen ustedes de tirar el baño? ¿No les sirve para lo que siempre les ha servido? ¿Acaso el servicio no les hace su servicio? Entonces, ¿por qué van a cambiarlo?

Para ponerlo de mármol, me dirá alguno de ustedes. Deje usted el mármol para los panteones. ¡Con lo bonitas que son las baldosas! ¿No le han cogido cariño a sus baldosas?... Esas baldosas que llevan allí toda la vida viéndoles el culito, y ahora, de repente, las van a cambiar por otras que a saber lo que pensarán de sus intimidades, porque las baldosas de ahora no se cortan un pelo, vamos, ni se cortan ni se rayan.

¿No les da pena ver cómo entra un señor, mezcla entre Cantinflas y Curro Jiménez, en su cuarto de baño, y con una maceta las destroza una a una? Porque yo creía que una maceta era eso que se riega, lo que tienen los claveles y los geranios debajo. Pues no. Ellos llaman maceta a una cosa parecida a un martillo, pero a la española. O sea, que es más corto y rechoncho. Y con eso se cargan sus baldosas. ¡Cuatro macetazos! y te llenan un contenedor de escombros.

¡Que ésa es otra! El contenedor. Yo creo que te lo ponen para que te contengas; el contenedor te contiene cuando vas a chillar, o a gritar, ante el temor a la amenaza de:

—No me levante usted la voz, que le subo el contenedor y se lo vacío en la cocina.

Los albañiles están siempre en estado de gracia, porque cuando vienen dices «gracias a Dios que han venido» y, cuando se van, «gracias a Dios que se han ido».

No, si al final se van. En mi casa, se estuvieron marchando más de un mes y medio. Parecía que habían terminado, pero, aún no habían cerrado la puerta de la calle, y ya se salía el baño. Y cuando no era el baño, se salía el bidé. Pero lo más gracioso es que se salía el bidé cuando encendíamos la luz del pasillo. Se ve que se conmutaban. ¡A mí sí que me tenían conmutado, pero bien conmutado! ¡Hasta los «conmutadores» me tenían!

Había días en mi casa de más de doce personas, y a más de la mitad no las había visto nunca antes, no los conocía de nada.

Claro, te mandan un piquete de albañiles, fontaneros y soldadores. Que ya sé por qué les llaman soldadores, porque siempre acaban diciendo: «dejadme solo». Y ponen las baldosas del suelo para que no las pisen.

También vinieron soldadores, montadores, pintores, escayolistas y parquetistas. Y como no nos conocíamos nos pasábamos la mañana preguntándonos.

—¿Usted quién es? ¿El parquetista? —me preguntó uno.

—No, señor, soy el economista, que estoy buscando la fórmula para pagar todo esto que me están rompiendo ustedes.

Ahora que digo parquetista. Se tiró acuchillando el suelo, el parqué del comedor, más de tres días. Que lo que dije yo:

—¡A éste le doy una propina y me acuchilla hasta la mujer!

A todo esto, la señora de la limpieza quejándose:

—Que mire usted, que a ver cuándo terminan, que llevo dos meses parada, y si no, me busco otra cosa.

—¡Hombre, señora!, ¡no querrá usted venir para limpiarle el polvo a los albañiles!

—¿Cómo dice usted eso?

—¿Cómo va a venir a casa, si no tenemos casa? Tenemos a unos señores. Tenemos a los hombres del mañana. ¿Se han dado ustedes cuenta de que, preguntes lo que les preguntes, te dicen «mañana»? A uno un día le pregunté:

—Perdone, ¿lleva usted hora?

Y me contestó:

—Eso hasta mañana ya...

¡Todo es para mañana! Pero, si preguntas el viernes, la contestación pasa a ser, con sonrisa incluida, para otro día:

—Eso hasta el lunes ya, imposible.

¡Y de los fontaneros, ni hablar! A mí hoy se me sale una cañería e inundo a la vecina de abajo y llamo directamente a los bomberos. ¿Pero cómo voy a llamar a los fontaneros si cuando quieren venir se ha ahogado ya la vecina?

Vino uno a hacer la instalación de gas, y ni el gas se atreve a pasar por allí. Los codos los hacía doblando el tubo. Ponía el tubo en mitad del baño y decía:

—¿Dónde va el radiador?

—Allí.

Y doblaba sin más en esa dirección.

—Oiga usted, ¿cómo hace usted eso? ¿No ve que no le deja paso al agua?

Pero el tipo se ponía chulo:

—Usted a lo suyo, que en lo suyo será un fenómeno, pero de esto no tiene ni puta idea.

—Oiga, por favor, que está usted en mi casa.

—A ver, es que yo en la mía esto ni lo pongo. Esto es una chapuza.

Luego me enteré de que todo lo que tiraba a medio uso se lo llevaba para hacerse una casita en el pueblo.

Un día me dice:

—Oiga, ¿va usted a recibir la bañera? Porque yo soy fontanero y no la recibo.

Y le contesté:

—No se preocupe, que ya estoy yo pendiente para abrir la puerta.

Y casi se muere de risa. Luego me enteré de que «recibir» una cosa, en términos albañilísticos, es fijarla, asegurarla para que no se mueva con cemento o yeso.

El marmolista me aconseja:

—Yo en este baño le pondría mármol travertino.

Y le pregunto:

—¿Pero eso es un poco caro, no?

Y me asegura:

—Si pone usted mármol travertino le va a quedar un cuarto de baño pa'cagarse.

—Tiene usted razón, en cuanto me pase la factura, seguro.

Y encima estoy de suerte, porque a un cuñado mío le pidieron el 30 por ciento del presupuesto por adelantado, les pagó 274.000 pesetas, le llevaron al día siguiente a la puerta de su casa tres sacos de yeso y una caja de ladrillos, y hasta hoy. Y hace más de un año.

De todas maneras, yo creo que los albañiles tienen sus fallos, como todo el mundo, pero son unos fenómenos; yo, sin ir más lejos, gracias a ellos estoy viviendo con una chavala que quita el hipo. ¿Por qué? Pues porque uno se confundió, y tiró el tabique de la habitación de la vecina.

Fama y comida

Señoras y señores, quiero comentarles algunas de las conclusiones a las que he llegado yo tras veinticinco años de artista.

Por ejemplo: ¿cómo debe ser la actuación de un cómico en televisión? Pues debe ser como la falda de una mujer, lo suficientemente corta como para despertar el interés; y lo suficientemente larga como para cubrir lo esencial.

Es curioso este oficio, te pasas media vida trabajando para que el público te conozca y, cuando medio lo consigues y la gente te empieza a conocer, uno empieza a esconderse para que no lo vean. No es mi caso, que yo saludo hasta a las puertas, pero también he de reconocer que lo que más me molesta del mundo es que hagan concursos conmigo.

Van dos por la calle, uno te localiza, te para y te dice:

—¡Pero coño! ¡Fenómeno!, que eres un fenómeno. ¡Saluda, que no dices nada! ¡Tío! ¡Qué jodío!, ¿te pensabas que no te había conocido? Saluda, hombre, saluda.

Y, con las mismas, se vuelve al acompañante, y presumiendo de haberte conocido le pregunta:

—¿A que no conoces a éste?, ¿a que no lo conoces?

Y el otro, mirándote con cara de no tener ni puñetera idea:

—Pues no caigo, ¿quién es?

—Vamos, no me jodas, no me digas que no lo conoces. Pues anda que no sale en la tele el mariconazo.

—Y qué hace, ¿canta?

Y tú para terminar con esa situación tan violenta, donde uno se siente «artista objeto a identificar», le das una «ayudita»:

—Sí hombre, que salgo los sábados en la Primera...

Y el «enterao» te corta:

—¡Calla, coño! No le des pistas, que lo adivine.

Y el otro:

—Pues ahora no caigo.

Y tú, ya un poco mosca:

—Soy Manolo Royo, no, Arroyo, no, Royo.

Y el primero, el que te conoce, te pega un golpe en la nuca, que si fueras conejo terminaba contigo, y te dice:

—¡Qué jodío! ¿pues no dice que es el Manolo Royo? No le hagas caso, que te está vacilando. Si es el Marianico el Corto —y añade—: ¡Anda que no le conozco yo!, si estuvo conmigo en la mili en aviación.

Pues nada, lo que el cliente diga, en aviación, pues en aviación.

A ver cómo le digo yo que la hice en infantería. ¡Me pega dos tiros!

Y otro tanto pasa con la comida. Te pasas media vida trabajando para comer, y cuando por fin ganas lo suficiente para comer lo que te da la gana, no puedes porque engordas. Y un poco que te engordas tú, y otro poco que te engorda la televisión, las cámaras: aparece uno en su casa como un marciano así de gordo.

Y es que sobre la comida hay mucho que hablar. Porque a mí me parece muy bien que los cocineros sean famosos porque guisan bien, Karlos Arguiñano, José Mari Arzak, Vale el de la Riojana... Pero los que de verdad deberían ser famosos son los que descubrieron que «aquello» era comestible.

Me explico: ¿Cuánta hambre tuvo que pasar el tío que llegó a la conclusión de que las ostras eran comestibles? ¡Una ostra! ¡Que es como comerse una piedra! Le pegó un bocado a una piedra y descubrió que tenía un bicho dentro. Es muy fácil decir ahora «me he comido unas ostras gratinadas al cava», eso antes, antes.

¿Y el que descubrió que los percebes se comían? ¡Porque mira que son feos! Hace falta tener mucha hambre para comerse un percebe sin cocer. O las angulas, que son como fideos con ojos.

Como lo de las setas, hasta que pudieron distinguir que la amanita cesárea era exquisita, y, por contra, la amanita faloides, era mortal, la de mortales que morirían hasta descubrir eso. Ya me imagino yo al descubridor diciendo al estirar la pata:

—¡Cuidado! ¡Que acabo de descubrir que la amanita faloides es mortal!

Es que la alimentación es muy importante, incluso define a los países; en Japón, por ejemplo, no pueden comer «emperador», porque es pecado. En cambio aquí, cuando el «régimen», se ha comido ensaladilla rusa. Y antes, cuando había tanta hambre, se comía tan poco, que comían sólo «entre-meses».

¡Eso eran comidas! No como ahora, que vamos tan deprisa que han inventado el *fast food*, la comida rápida. Que mira cómo será de rápida que pagas antes de comer.

Lo mejor de que te conozcan en un restaurante son los chistes que te cuentan. Por ejemplo, éste:

Un caballo le dice a otro:

—Voy a estudiar medicina.

—¿Para qué? —le pregunta el otro.

—Porque quiero ser un caballo de carrera.

O aquél de un pulpo que le pregunta a una gamba:

—¿Dónde está tu madre?

Y la gamba le contesta:

—Pues no lo sé, ayer se fue a un cóctel y todavía no ha vuelto.

El mes pasado, en un restaurante en Madrid, termino de comer y se me acerca un señor y me dice:

—Manolo, ¿cómo estás? Encantado de conocerte, que te veo por la tele y me gustas mucho, me haces mucha gracia.

—Gracias.

—De nada. Pues que me he dicho: voy a contarle un chiste a este hombre, a ver si se lo sabe. Perdona, que no me he presentado; soy «El Mono de Algeciras».

Y me cuenta:

—Va uno con un Vespino por Sevilla y para en un semáforo al lado de un Audi A8 «así» de grande, que llevaba la ventanilla abierta; el del Vespino se le queda mirando ese pedazo de coche y el del Audi se mosquea, toca un botoncito y le sube la ventana. En ese momento se pone verde el semáforo, y arranca el coche a toda pastilla.

El del Vespino, se pica con el del Audi, le mete gas y se pone a su altura. El del coche pisa el acelerador y lo pone a 90. El del Vespino que se pica, le mete gas y se pone en paralelo. El otro se desvía por la avenida Kansas City, camino del aeropuerto, y pone el coche a 200. Y el del Vespino en paralelo a 200 por hora. Y cuando se pone a su altura se le acerca, le toca en la ventanilla y le dice «Tío, ¿me das fuego?» Y el del Audi, ya asustado, le grita: «¡Que te vas a matar!» Y contesta el del Vespino: «¡Qué va, si yo fumo muy poco!»

Cosas del cielo

El ángel de los sueños

Soy el ángel de los sueños. Y ustedes se preguntarán: «¿Y eso qué es?» Pues se lo voy a aclarar.

No soy el ángel con el que ustedes han soñado alguna vez, no. Soy el que sabe con lo que sueñan ustedes. Por ejemplo, yo me acuesto con una señorita y, a la mañana siguiente, les cuento a ustedes cuáles fueron sus sueños; vamos, que les digo con qué ha soñado, sea lo que sea.

Menudo soy yo para cumplir con mi obligación. Parezco un misionero, porque tengo una misión, o un agente secreto, que también tiene misiones. Es que debo dormir con mucha gente sin que ellos se enteren.

Si yo les contara la de ronquidos que aguanto y la de gente que en mitad de la noche se levanta de la cama para irse a dormir a la suya... Pero no estoy para contar intimidades, que para eso ya están las revistas del corazón; yo estoy aquí para hablarles de los sueños, porque ¿quién no ha tenido alguna vez un sueño? Hasta los animales sueñan... Bueno, a decir verdad, la mayoría de los animales sueñan con que no los maten ni les hagan daño.

Vamos a ver:

¿Con qué sueña un gato? Con llegar a ser hidráulico.

¿Y el perro? Con dormir en la puerta de un banco y esperar a que vayan saliendo todas las perras.

El león con comerse a todos los animales republicanos de la selva, ya que para eso es el rey.

La jirafa con un gran collar de perlas y con no tener anginas, que se le ponen como dos submarinos.

El calamar con ser escritor y usar su propia tinta.

La trucha con un mosquito sin anzuelo.

La foca con un buen foco del Teatro Real para dar luz muchas veces.

La paloma con trabajar de mensajera.

¿Y con qué sueña la rata? Con que el gato sea hidráulico y el queso de Cabrales.

¿Y el pollo? ¡Con una buena polla!

Todo el mundo sueña... Por ejemplo, el obispo, con caerse y hacerse un cardenal. O el Papa, con los angelitos y con lo que Dios quiera.

¿Y los países? ¿Con qué sueña, por ejemplo, Brasil? Con ganar el Mundial de Fútbol, lo mismo que Francia, Italia, Alemania... España no; España sueña con llegar a los «cuartos», que es lo que le interesa.

Por cierto, ¿saben con qué sueña José Antonio Camacho, el seleccionador nacional? Con quitar Hierro a las declaraciones y hacer Munitis por el foro. Y también con hacerse unas Casillas por ahí, por Urzaiz o por Mendieta, y escuchar música y canciones de José Guardiola y Raúl mientras juega al Villar. Y después, marcharse de vacaciones a Engonga.

En conclusión, que todos tenemos sueños.

¿Con qué sueña un torero? Con meterla entera hasta la bola y que le salga una buena corrida.

¿Y un peluquero? Con hacer una buena faena y no cortar las orejas.

¿Y un fumador? Con que le dejen fumar tranquilo, que ya sabe que se morirá, y que nadie le meta un «puro».

¿Con qué sueña un médico del seguro? Con que estemos todos buenos.

¿Y uno particular? Con que estemos todos buenos pero con pequeñas dolencias.

¿Con qué sueña un tartamudo? Con hablar sin parecerse a un teléfono móvil sin cobertura.

¿Y un minero? Con encontrar un trabajo menos profundo.

¿Y un taxista? Con no estar nunca libre.

¿Con qué sueña un banco? Con que no se le siente ningún pobre y que todos los bancos del parque sean sucursales.

¿Y una caja de ahorros? Con que sean sucursales hasta las cajas de los zapatos.

¿Con qué sueña la Luna? Con que le envíen ese toro enamorado que tiene por ahí, en lugar de astronautas.

¿Y Dios? Con ser como Luis del Olmo.

¿Y los políticos? Pues no lo puedo decir, aunque sé que sueñan mucho. Yo creo de hecho que son los que más sueñan; no hay más que ver las cabezaditas que se echan en el Congreso.

Y también sueñan los personajes de ficción:

Pulgarcito con colocar a los siete enanitos en un circo o con ser el Bombero torero y así poder salir con Blancanieves.

Garbancito con no verse nunca en un cocido o un potaje.

Pinocho con que al decir una mentira la crezca otra cosa.

El Capitán Trueno con trabajar a las órdenes del Coronel Tapioca.

Y Alicia con venirse a vivir a España, que es un país de maravilla.

¿Y los personajes de carne y hueso, sueñan?

Su graciosa Majestad, Isabel II de Inglaterra, con saber de dónde le viene a ella la gracia.

José María Aznar con la Botella y con tener Casco para Rato.

David Copperfield con seguir echando polvos mágicos.

¿Y Sergio García? Pues con lo mismo que Severiano Ballesteros, con seguir metiéndola, como todos.

¿Y Ainhoa Arteta? Con darle a su bebé el «do» de pecho.

¿Y Plácido Domingo? Con no llegar al jodido lunes.

¿Y Los del Río? Con la hija de la Macarena, a ver si sale como la madre.

Para terminar, ¿con qué sueña mi mujer? Sé que soñó conmigo, pero hace tanto tiempo...

OVNIS

Tengo un nuevo medio de transporte. Un patín que me ha traído Papá Noel. En realidad yo quería un coche, pero me dijo mi mujer: «No te preocupes, que le escribo la carta yo.» Y se ve que pidió un medio de transporte limpio, seguro y que gastara poco.

¡Hombre!, gastar, gasta poco; la suela de un zapato y poco más. La de este pie, que luego voy cojeando por la calle.

Y hablando de medios de transporte, ¿qué me dicen de los ovnis? Tan silenciosos, recatados, misteriosos, escurridizos...

Los ovnis son como mis vecinos: no se comunican con nosotros. Por eso se llaman así: «Objetivo: vecino no identificado.»

¡Oye!, que no nos hablan. Unos dicen que es porque son muy tímidos... ¿Tímido un tío con 40 o 50 años? ¡Es que pasa por tu lado y no te saluda! Eso no es timidez, eso es que están cabreados, lo cual es normal. Tienen su razón: han pagado 70 millones de pesetas por un piso que nosotros compramos por 15 hace 15 años. Y es que el IPC de los pisos es como los ovnis: está por las nubes.

Yo comprendo que haya algún tímido, como esos vecinos que no pagan ni la comunidad por pura timidez. Hay gente, incluso vecinos, que dicen que los ovnis no son ovnis, sino meteoritos, que como ustedes saben son piedras gordas que caen con mala leche sobre la Tierra desde el espacio.

Y yo me pregunto: ¿no será que en lugar de caerse nos las tiran? Porque claro, si hay vida en otras galaxias, habrá niños, y si hay niños, seguro que andan a cantazos con nosotros y de vez en cuando dicen:

—Venga, a ver si le damos a la Tierra, a la tercera bolita, a la azul.

Y tiran a dar. ¡Zasca! Lanzan una piedra que nosotros llamamos «meteorito» y que nos pasa rozando. ¡Uy! Y entonces tiran otra que cae al mar, al océano, y dicen: «¡Agua!» Y van y tiran otra.

El meteorito está formado por hielo, roca, hierro y níquel. O sea, que si te pega un zurriagazo te deja frío con tanto hielo.

Pero no todo lo que cae a la Tierra son meteoritos. Si, por ejemplo, te cae en la cabeza un objeto contundente por el que te tienen que dar veinticinco puntos de sutura, lo primero que debes hacer es analizar el objeto. Si compruebas que éste contiene barro arcilloso y tierra con mantillo, no te ha caído un meteorito, no. A ti lo que te ha caído es una maceta.

A mí, la verdad, los ovnis me dan un poco de pena. La de broncas que tiene que aguantar esta pobre gente cuando llega a su galaxia después de estar en misión en la Tierra.

¿Se imaginan ustedes si cada nave cae en un sitio distinto? Observan, ven aquello, toman fotos, datos y salen zumbando para su planeta, para su galaxia.

Si, por ejemplo, cae uno que ameniza, porque nos entretiene mucho, digo, justo al lado de una gasolinera cerrada por la noche, para junto al surtidor, baja, ve aquello... y sube a su planeta:

—¿Cómo son los terrícolas? —le preguntan.

—Pues verá, jefe, los terrícolas son parecidos a nosotros, altos rectangulares, con la cara tipo televisión circuito impreso cerrado.

—¿Y de sexo?

—Ahí nos ganan, porque tienen un instrumento enorme que les da la vuelta al cuerpo y se lo cuelgan en la oreja.

O si cae uno en el Polo Norte. Ve aquello y, al llegar a su planeta, le pregunta el jefe:

—¿Cómo son los terrícolas?

—Blancos, andan a cuatro patas, comen animales negros con bigote y gruñen. Es que allí hace mucho frío; temperatura exterior: 40º bajo cero.

Y luego sube otro en esa nave que ha caído en el desierto, y ante la misma preguntita contesta:

—Los terrícolas son jorobados, tienen cuatro patas y beben agua en charcos, porque hace mucho calor: 50º como para achicharrarse.

O el tripulante de la nave que ha caído en el Océano Índico, y cuenta al volver:

—Los terrícolas miden 30 metros de longitud, viven dentro del agua para protegerse y sólo salen a respirar.

Y es que en realidad han visto una ballena.

Nos podemos imaginar al jefe diciéndoles:

—¿En que puti-bar-galáctico habéis parado a emborracharos?

A veces también hay apariciones. Una vez en mi pueblo entró uno en el bar del Paco, despavorido, que dejó fuera al tractor como las ambulancias, con los intermitentes puestos. Se va para el dueño y le dice:

—¡Que lo he matao, Paco, que me lo he cargao! Que se m'a puesto de repente delante del tractor y le he pasao la rueda gorda por encima, y como se ha quedao allí garreando, he bajao y lo he rematao con la garrota.

Y le pregunta Paco:

—¿A quién?

—A un «oni» que ya tenía yo ganas de pillar uno. Que aún m' acuerdo cuando vinieron la última vez y se llevaron más de 50 cabezas de ganao, ¡más de medio rebaño se llevaron! Si tienen hambre que lo digan, Paco, que digan: «Oiga, que venimos de la quinta puñeta o de la quinta galaxia, de ande sea, y hace 7 u 8 planetas que no hemos probado bocado.» Y uno les da lo que sea.

—¿Pero estás seguro de que era un «oni»?

—¡Toma, claro! Alto y fino como un lapicero, con los dedos largos como la chistorra y las piernas como dos anguilas, un cabezón así de grande y más verde que un espárrago triguero... Y justo al lado de él, una luz muy fuerte que salía como de una especie de olla exprés.

Ya saben, si tienen apariciones hagan como el de mi pueblo: paren el coche, bajen y hablen con tranquilidad, aunque hay que fijarse bien primero, porque otro de mi pueblo se encontró con un tipo un poco raro, también verde, y le dijo:

—Hola, yo-soy-te-rrí-co-la, me-lla-mo-Pas-cual, vi-vo-en-e-se pue-blo-de-a-hí, y-soy-pa-ci-fis-ta.

Y el hombrecillo de verde le contestó:

—Yo-soy-Ja-cin-to, de-Si-gü-en-za, que-voy-a-un-bai-le-de- dis-fra-ces, y-me-he-sa-li-do-de-la-ca-rre-te-ra. ¿Por-qué-ha-bla-mos-a-sí?

Lo cierto es que venir vienen, pero no sabemos cómo. Fíjate tú que llega uno que ha chocado con un asteroide. ¿A qué taller llevas la nave para que te la reparen? ¿Y qué seguro te arregla a ti eso? Si es un lunes por la mañana y en el taller de mi cuñao —que por cierto cada día se parece más a los americanos, porque los americanos se pasan el día buscando naves espaciales y mi cuñao naves industriales para ampliar el taller de chapa y pintura— se te presenta un ovni con la nave destrozada, ¿qué mutua se hace cargo? Y además, ¿qué combustible usarán? ¡Como sea sin plomo les costará una pasta el viaje!

En fin, que yo pienso que sí, que hay vida en otras galaxias, aunque no tan romántica como la nuestra, porque si no oiríamos los latidos de su corazón.

Estoy en la gloria

Cuando trabajo yo estoy en la gloria, por estar con el público y sobre todo por poder complacer a la mayoría, cuando al verme por la calle me dicen:

—Manolo, a ver cuándo te cuentas unos chistes... que no cuentas más que chascarrillos y chorradas de ésas.

De tanto estar en la «Gloria» he visto un montón de cosas que pasan por allí y eso es lo que les quiero contar.

Allá arriba ya saben que el portero es san Pedro, el encargado de la portería, del mismo modo que san Miguel es el encargado de la cerveza. Hace poco subieron tres señoras que se habían muerto de repente, y se colocaron delante de san Pedro:

—Aquí estamos.

—Ya os veo, vamos a ver, de las tres, la que haya engañado a su marido en la tierra que levante la mano.

Y, de las tres, dos se pusieron a levantarla muy despacito.

—¡Arriba, arriba! —dijo san Pedro—, no pasa nada, vosotras dos al purgatorio, y la sorda también.

Y aquellas otras tres señoras que se murieron de repente y subieron al Cielo. Se colocaron delante de san Pedro, y éste les fue preguntando:

—¿Cuántas veces has engañado a tu marido en la tierra?

—Tres —contestó la primera pecadora.

—Bien —le dijo san Pedro—, pues sales a la puerta del paraíso y te das tres vueltas.

—¿Y tú?

—Unas diez —respondió la segunda.

—Bien, pues ya sabes, sales a la puerta y das unas diez vueltas. Hija mía —le dijo san Pedro a la tercera—, ¿dónde vas?

—A por la bicicleta —contestó ella.

También se presentaron en la puerta del Cielo tres hombres que pidieron entrar, y otra vez san Pedro les hizo su interrogatorio:

—¿Has engañado muchas veces a tu mujer?

—Muchas, bastantes —contestó el pecador.

—Bien, pues aquel coche viejo que ves allí es para que des vueltas y vueltas al Paraíso. ¿Y tú?

—Yo nada padre, nada de nada, es que ni lo he intentado.

—Bien, ¿ves aquel deportivo nuevecito que hay allí? Pues es para que des vueltas al Paraíso toda la eternidad.

A los dos días se encontraron estos dos amigos; el del coche viejo no dejaba de lloriquear.

—¿Qué te sucede? —le preguntó el otro—. ¿Lloras porque me han dado mejor coche que a ti?

—No, ni mucho menos, lloro porque he visto a mi mujer que iba por ahí en una bicicleta, y encima era vieja.

No siempre están allí arriba, de vez en cuando bajan con sus túnicas, sus barbas y sus melenas. No hace mucho san Pedro y san Pablo bajaron a bailar en una discoteca; así que no desentonaron y cuando ambos estaban bailando, una chavala le dijo a Pedro:

—¡Oye, tío, bailas como Dios!

Y Pedro dijo casi gritando:

—Pablo, vámonos para arriba que está por ahí el Maestro.

Una vez, uno que estaba esperando su turno para entrar en el Cielo, se fijó en que en un campo de golf que había por allí un viejecito trataba de cruzar en un solo golpe un lago de trescientos metros de anchura; lo intentaba una y otra vez sin conseguirlo, con una paciencia admirable. En golf un golpe como ése es difícil, pero él lo hacía casi imposible.

El de la cola estaba ya tan intrigado que se decidió a preguntarle a san Pedro:

—Pero ese viejecito, ¿quién se cree que es?, ¿Dios?

—Es Dios hijo, pero él se cree que es Severiano Ballesteros.

Y por último, les contaré la entrada de aquel vasco que se presentó delante de san Pedro y le dijo:

—Aquí estoy, que no creo que me dejes entrar, porque me he portado mal en la Tierra, claro, como era árbitro de fútbol...

San Pedro lo escuchaba atentamente, mientras él seguía contando:

—Pues nada un día que pité penalti a favor del Atletic de Bilbao, que me tiran los colores, qué voy hacer; otro día también, casi sin querer se me fue el pito y piiii, penalti contra el Real Madrid y a favor del Atletic... ¡Qué voy a hacer si me tiran los colores...! Y digo yo que igual no me dejas entrar en el Cielo, san Pedro.

—Anda, anda, pasa, que no soy san Pedro, que soy san Mamés.

El astromecanauta

Aunque ustedes no se lo crean, vengo de arreglar la nave espacial MIR, esa nave que tienen los rusos ahí arriba, para que choque con todo lo que se le cruza en su órbita, y como andaba escacharrada me llamaron a mí para que la arreglara. Ya les voy a contar cómo fue.

Pues nada, yo soy de Matamala, provincia de Teruel, y un día estaba yo en mi casa tan tranquilo, cuando de repente escucho. ¡PUMMUMM! Y digo:

—¡Ya está! Que se le ha caído a mi madre el frigorífico.

Sí, porque siempre da unos portazos que para qué; pues no, no fue ella, fue un avión de combate, un Phantom, que estaba haciendo maniobras y ¡zas! Cayó en mitad del corral, y se cargó a casi todas las gallinas.

Claro, yo salí y me quedé mirando aquello, y como estaba sin piloto porque se había quedado colgado en el campanario de la iglesia, me acerqué y me puse a darle vueltas al aparato; en esto, que se presentaron con una grúa a por él, y como yo soy mecánico de tractores les dije:

—Que si quieren ustedes les echo una mano pa' recomponerlo.

Y va uno, que se ve que era el pez gordo, y me pregunta:

—¿Usted querría ser mecánico astronauta, o sea, astromecanauta?

—Con tal de volar del pueblo, lo que sea —le contesté.

Anda, anda, que no he volao, ¡más que en la mili! Y eso que la hice en paracaidismo. Obligao, que yo no quería. En el sorteo se ve que me tocó: excedente de cupo en tierra, y válido ahí arriba, así que, ¡hala!, a subir y a bajar.

¿Y pasé miedo? Aún me acuerdo del sargento el primer día que nos subió al aparato, que nos advertía:

—Recordad que lleváis dos paracaídas, el fijo, y el de emergencia, y si no se abre el uno, se abrirá el otro. Y si no, no os preocupéis que abajo habrá una ambulancia esperándoos.

Empezamos a saltar, y a saltar, al empujonazo, y a uno se ve que no se le abrió ni el fijo ni el de emergencia. Y lo que dije yo:

—Ahora sólo hace falta que no esté abajo la ambulancia esperando.

Luego, ya casi al término de la mili, bajábamos con tres paracaídas, el fijo, el de emergencia y el «computurizao» que llevaba una clave secreta, como nos dijo el sargento:

—Para evitar problemas os ponemos tres paracaídas, si no se abre el uno, el otro, y si no, el «computurizao», que ése va con clave —de repente el sargento empezó a hablar muy bajito—, la clave hoy es «Jerónimo». Lo digo porque si me oye se nos abre a todos dentro del avión.

Pues aquel día después de haber saltado todos, a los diez minutos en el avión por la parte de fuera se oye:

—Toc-toc.

Y dice el piloto:

—Rodríguez, mire a ver, que me parece que están llamando.

—Mi comandante, cómo van a llamar si estamos volando a 3.000 metros del suelo.

—Toc-toc.

—Coño, pues es verdad que están llamando.

—Vaya a abrir, Rodríguez.

—¡Sus órdenes, mi comandante!

Y se ve que el sargento abrió la puerta y se encontró con González, agitando los brazos como un pájaro, que le pregunta:

—Mi sargento, ¿cómo dice que se llama el indio?

Cuando llegamos a los EE.UU. me hicieron una prueba «sicoténica». Me metieron en una habitación y vino un general de paisano y uno de su T.Í.A. y me hace esta pregunta:

—Vamos a ver, caballero, sólo le haré una pregunta: ¿Cuántas estrellas se han descubierto por término medio en cada trapecio de un grado lateral de la bóveda celeste?

Y yo le respondí:

—Tantas como pelos llevo en mi cabeza.

—¿Y cuántos pelos lleva usted en su cabeza?

Y lo que le dije yo:

—Esto es una segunda pregunta y usted me ha dicho que sólo me iba a hacer una. Y aprobé, aquí estoy, el astronauta más famoso de toda la Galaxia, y que conste que el mérito no es mío, el mérito es de un jamón de Teruel que me subí y que ni los rusos, ni los americanos, conocían.

Así que unos con el *please*, por un lado, y otros con *espasiva*, por el otro, no paran de seguirme por toda la nave. «¡Jamón, jamón!»

Me parece a mí que la próxima lanzadera espacial se llamará: ¡jamón pató-dos!

Y es que la comida allá arriba es muy mala, el menú ya se sabe: sopa de átomos y tortilla de neutrones, y de postre, radiaciones cósmicas con protones, ¡que engordan que para qué!

Cuando subimos con la nave llevamos toneladas de alimentos, agua y combustible.

Eso es lo peor de estar en órbita, que no puedes ir de compras, sólo mirar. ¡Y anda que no se ve! Desde allí arriba vimos la Estación Espacial Alfa, que tiene nombre de máquina de coser por lo difícil que es enhebrar, ¡qué digo enhebrar!, acoplar una nave a la otra. Que ahí es donde intervine yo, para arreglarles la transmisión de la nave, que no les funcionaban los piñones, ni los satélites ni los planetarios.

Y hablando de planetas, desde allí arriba se ven todos, vamos, por ver, yo he visto hasta el Planeta Agostini.

Lo que no vi fueron los casquetes polares, y mira que me fijé bien. Para ver quién los echaba, pero nada.

Y también vi la sonda Surveyor, no sé cómo la llamaban ellos, que para mí que es una sonda que se quitó mi cuñao de cuando lo operaron de la próstata, que la mandó a tomar por saco.

En fin, señores, que lo peor de todo, aunque ustedes no se lo crean, es la ingravidez, eso sí que es malo, porque te pasas el día flotando, porque allá arriba no pesas nada, y eso precisamente es lo malo.

Me van a perdonar, pero es que te tiras un pedo y no te puedes deshacer de él. ¡Como no pesa!, pues no se va, ni pa'arriba ni pa'abajo, que se te queda allí y que vayas pa'donde vayas que te lo encuentras, y como aunque bajes la ventanilla no se va, pues pa' ti pa' siempre.

Filosofía con boina, filosofía del pueblo

La boda de mi cuñado

¿Han visto ustedes una furgoneta blanca, matrícula de Zaragoza, con una escalera encima?

Es que he venido del pueblo a la boda de mi cuñado y he dejado la furgoneta aparcada justo al lado de la iglesia y cuando he salido me han dicho que se la había llevado la grúa, y me ha extrañado mucho porque no estaba averiada, y yo no he avisado al mecánico ni nada de eso. Que aún he dicho yo:

—A ver si es que alguien necesitaba la escalera y se la han llevado un momentico y luego me la devuelven.

¡Pues me va a costar a mí la boda un dineral! Les haces un regalo, que no es regalo, porque te mandan la invitación de la boda con el número de la cuenta corriente de una caja de ahorros donde quieren que les hagas la «transfusión bancaria». ¡Digo la transfusión!, la transferencia bancaria, y ¡hala!, si te he visto no me acuerdo, porque se juntan esas pesetas con otras pesetas de otros y les pierdes la pista y no saben ni lo que les has regalado. Y a mí eso no me gusta nada, yo les he traído un peso de baño, vamos, de baño o de cocina, depende de dónde lo pongan.

Para que se pese mi cuñado, que es muy pesado; se ha casado en segundas «náuseas», que para eso, a ciertas edades, hay que tener valor, porque de joven uno tiene «caída de ojos», pero luego, lo que tienes es «desprendimiento de retina».

Yo, en lo que respecta al sexo, para escuchar a mi mujer decir que «lo siente», se tiene que morir alguien de la familia.

Y mi cuñado es reincidente, y pesado, yo no he visto a nadie más pesado que mi cuñado. Se pone a contar chistes y te tienes que reír a la fuerza, sí, porque si no te los cuenta otra vez. Me ha contado el del semental, más de treinta veces.

Un semental, un caballo que se escapa del pueblo de mi cuñado llega hasta la sabana africana y se encuentra con una manada de cebras que le preguntan:

—¿Tú qué eres?

Y va y les contesta:

—Yo, un semental.

—¿Y eso que es? —le dicen las cebras.

Y les contesta el caballo:

—Quítate el pijama y te lo demostraré.

O sea, que el semental... tal y tal.

De todas formas, si no te ríes mucho con ése te cuenta el del enterrador de mi pueblo, que estaban haciendo una encuesta para ver si se moría mucha gente y va y les dice:

—¡Qué va! Si para inaugurar el cementerio tuvimos que traer a un muerto de otro pueblo.

Yo no he visto a una persona con más suerte que él; y no lo digo porque se haya casado dos veces, no. Fíjense si tendrá suerte que se apuntó a la marina porque quería conocer mundo, y lo destinaron al Barco de Ávila. Que lo que le dije yo:

—¡Anda, que hasta que se hunda ése!

Mi cuñado trabaja en un banco, y yo no he visto a una persona más rápida que él, termina de trabajar a las tres, bueno, pues a las dos y media ya está comiendo en casa.

En el banco lo colocó su padre que era banquero. A mí los bancos no me gustan nada más que los del parque, porque los otros ya se sabe lo que hacen, te dejan un paraguas cuando hace sol y te lo quitan cuando llueve.

¡Fíjate cómo será, que las primeras letras que le enseñó su padre fueron las letras de cambio!

Luego se murió el pobre, sí, porque le tocó la lotería, pero no fue de la impresión, fue de rabia porque había perdido el décimo. Y le dio un ataque más fuerte que el de los indios.

Así es de agarrado mi cuñado desde entonces; no va al médico a hacerse una revisión porque dice que es muy caro. Hasta que lo convencimos:

—No seas tonto que no es para tanto; por la primera consulta te cobra unos 60 euros y después unos 30 por cada visita.

Oye, pues fue al médico, y para ahorrarse los 60 euros de la primera consulta le saludó como si ya lo conociera:

—Hola, doctor, ya estoy aquí otra vez.

—¡Ah! muy bien —dijo el médico—, pues siga tomándose la misma medicación que el mes pasado y venga a verme a la semana que viene.

Pero, volviendo a lo de la boda, no me negarán que son un poquito pesadas.

Yo con lo que no puedo es con la comida que te ponen. Tienes que comerte lo que te pongan, te guste o no te guste y, además de eso, siempre te toca al lado uno que es más que Superman.

En la mili hizo más guardias el coronel que él. Trabajar, no trabaja, él va y le pagan; o sea, que cobra por ir. Y por si todo esto fuera poco, es el que más sabe de inversiones. Te cuenta que se ha comprado un piso maravilloso y que, mira cómo será, al día siguiente de comprarlo le había ganado ocho millones de pesetas. Y todo eso tú te lo tienes que comer con la comida que no te gusta.

En fin, que no les voy a dar el día con la comida y tampoco les quiero yo cansar contándoles lo que es una boda, porque el que más y el que menos ya ha estado en la suya como poco. Pero sí me gustaría aprovechar la ocasión para decirles que el día del orgullo gay mi cuñado fue a la concentración y le preguntaron:

—¿Tu eres gay?

Y contestó:

—No, pero soy muy orgulloso.

Bueno, pues eso, que como ahora hay un día para cada cosa, el día de la madre, el día de la lucha contra esto, contra lo otro, a ver cuando se hace el Día Mundial del Cateto, del hombre de campo.

Y ese día aunque sólo sea uno al año, nos compran los productos del campo a nosotros, al precio que pagan por ellos en la ciudad. Que con un día al año que lo hiciéramos nos vendría de perilla. ¡Hombre, que todo el mundo tiene su día!

Cosas de la tele

Pues nos hemos venido del pueblo hoy mismo, con el tren, que dentro de poco se hará el viaje en un pispajo, sí, porque ahora a Zaragoza van a poner el Ave, ¡y eso corre! Vamos a tener que poner a uno en Calatayud pa'que avise pa'verlo pasar por el pueblo, como eso corre tanto. Cómo será, que si lo ves pasar es que va con retraso. ¡No te digo más!

Luego hemos cogido el Metro que iba «así» de gente, y justo delante de mí iba una moza, que parecía de las que salen en el desfile. ¡Una cosa! De las del *air bags* ¡Qué cosa más bien rematadica! Y así de apretaos que íbamos, y mi mujer allí al ladico. ¡Yo no he visto una cosa más maja en mi vida! Lo que pasa es que mi mujer es muy celosa, oye, y ha sido parar el Metro en una estación, abrirse las puertas, volverse la moza y ¡m'a pegao una bofetada! que aún oigo campanillas dentro del oído. Y encima me regaña:

—No me gusta que me pellizquen, ¡imbécil!

Y mi Josefa, allí, y yo que me disculpo:

—Josefa, que no he sido yo, que te lo juro por lo que quieras.

Y me dice:

—Ya lo sé, si la he pillazcado yo, ¿te crees que no te he visto mirándole el culo?

¡Es muy celosa! ¡Si no me deja ir en Semana Santa a las procesiones porque todos llevan faldas! ¡Pero si un día le eché un piropo, y me lo devolvió!

—Preciosa, que ya te he dicho más de mil veces que para mí sólo hay una mujer en el mundo —le dije.

Y ella me contestó:

—Si, pero «auno» me has dicho cuála es.

El otro día en la cama me pegó un codazo que para qué. Me despierto y le digo todo ilusionado:

—¿Quieres algo o qué?

Y dice:

—Nada, que sepas que además de roncar hablas en sueños.

Que lo que le dije yo:

—Toma, no me dejas hablar por el día, tendré que hablar por la noche.

Cuando se cabrea me envía notas en blanco. ¡Claro, como no me habla! Pero la culpa es mía, si ya me tenía que haber dado cuenta de cómo era el día que la conocí, en el baile; cuando le pegué un pisotón y le pedí disculpas:

—Lo siento en el alma.

Y fue ella y me contestó:

—Pues yo lo siento en el pie.

Ahí, le tenía que haber cortado... el pie.

Como mi mujer no me hace caso, veo mucho la televisión. ¿Se han fijado en que ahora ponen muchos programas que hacen reír a costa de los demás? No me gustan nada.

A mí me dijeron que cuando uno se cae al suelo, además de que no había que reírse de él, lo propio sería ayudarle a levantarse. ¡Pues no! Eso era antes. Ahora, te ponen una cáscara de plátano, te colocan ocho cámaras ocultas a tu alrededor y luego te empujan para que vea todo el mundo cómo te rompes la crisma. ¡No me jodas! A mí eso me parece que está mal, aunque se lo hicieran a sus madres.

Hay un programa que te dan no sé cuántos miles de pesetas por cada «ovídeo» que envíes.

Se ve a un zagal pequeñito corriendo en bicicleta, el padre lo filma, y encima lo llama: «¡Andresín, Andresín!» Pa'que mire a la cámara.

Y, claro, como el crío que justo sabe ir en la bicicleta va mirando al padre, se clava de cabeza en la piscina con bicicleta y todo.

Pues, oye, el padre, que parece que está atontao, en lugar de soltar la cámara y salir corriendo pa'sacar al crío del agua, lo sigue filmando y se ve cómo el pobrecito se va poniendo como un nazareno, amoratao.

¡Hombre!, eso tendría que estar penado por ley, esa que ahora nos van a hacer nueva, que yo creo que con que le quiten la venda de los ojos, verá mejor y andará más aprisa. La señora Justicia.

Ese tipo de programas no me gusta nada. Hay gente en mi pueblo que se ha enfadado con su artista favorito por lo mismo: van, con las cámaras de televisión ocultas, le pegan fuego al coche delante de él, le matan al perro y, cuando está a punto de desmayarse, le dicen:

—¡Es una broma!

Y como el hombre se cabrea, la gente empieza a criticar:

—Pues no sabía yo que fuera así, pues vaya el genio que tiene, no me lo esperaba así…

Y yo me quedo pensando: ¿qué querrán que haga?, ¿que les dé las gracias encima de la putada que acaban de hacerle?

El «pisquiatra»

Resulta que el otro día me pilló el «socabrón» ése. No, perdón; pecados ninguno, no vayamos a meter la pata.

El so-ca-vón, hizo aquello: ¡Bom!, que por eso se le llama so-ca-bon. Que no crean que fue un agujero pequeñico, que no, un agujero de más de 70 metros.

También les digo una cosa, si me hubiera muerto, ahora también estaría en toda España.

Ya verás. Resulta que hace muchos años hice un testamento para por si acaso y en caso de caso, saber quién se hace cargo de las deudas. Que luego, ni los sobrinos te reconocen.

Y yo pedí que el día que me muera me tienen que incinerar y las cenizas echarlas al río Ebro desde el puente de piedra de Zaragoza. Así las cenizas se van poquico a poco pa'bajo, pasan por mi pueblo, hasta llegar al mar.

Pero ahora, se ve que con el trasvase que quieren hacer, en lugar de ir directamente por mi pueblo, luego Tortosa, Amposta y al mar, ahora, digo, voy a recorrer media España, subiré pa'riba, bajaré hasta Murcia. ¡Qué sé yo! lo que voy a recorrer después de muerto.

Pues vengo con un ramo de flores secas porque tengo cita con una doctora, una psicóloga, que ya sé que la pe no se pronuncia, que ya me lo han dicho, ¡pues que no la pongan! Como es médica le llevo unas flores para que me atienda mejor, y se las he traído secas por si no me recibe mañana que estén bien para pasado y no se me sequen.

Yo es que tuve que ir al médico porque por las noches no puedo dormir, tengo «insonio». Y claro, al no dormir, no ronco, y al no roncar yo, duerme mi mujer. Al principio pensé:

—A ver si ésta es la que me echa a mí los polvos y por eso no duermo.

Me fui al médico de cabecera y me dijo que tenía que ir a un psicólogo y fui a uno que lo tuve que dejar porque aquel hombre casi me vuelve loco.

Entro, me siento y sin mirarme ni nada, porque estaba mirando pa'ande los libros, me dice:

—Soy todo oídos.

—Y yo todo Jacinto, bueno, para ser exactos, mitad por parte de madre y otra mitad por parte de padre.

—No, quiero decir que le escucho.

Hombre, sólo hace falta que siendo de pago no me escuchara. Porque los psicólogos no entran en la Seguridad Social, son de pago, sólo entran gratis en los juicios.

Entonces le cuento:

—Pues, mire usted, que no puedo dormir por las noches, ése es el problema que tengo.

Y va y me contesta:

—Está bien, acuéstese ahí, en ese diván.

Que aquello era como una cama así curvada. Que así no hay forma de pegar un ojo; que se lo dije yo:

—¡Coño!, no puedo dormir estirado en una cama de matrimonio y me voy a dormir aquí, ¿o qué?

Que siendo de pago podrían tener una buena camica en lugar de aquello.

La primera pregunta que me hizo fue cojonudísima:

—Dígame, ¿es la primera vez que se pasa una noche sin dormir?

No creas que la preguntica no es buena.

—Pues no, señor, que cuando son fiestas en el pueblo nos vamos de juerga y las empalmamos.

—No, me refiero a si ha tenido antes, estando ya en la cama, trastornos del sueño, malos sueños pesadillas...

—Pues sí, señor, cuando era pequeñico que me pasaba las noches soñando con ser portero de fútbol, siempre de portero de fútbol, todas las noches pendiente del partido.

Y va y me dice:

—Qué raro. ¿Y siendo jovencito como era, no soñaba con chicas?

Y lo que yo le contesté:

—¡Sí, hombre! Usted lo que quiere es que me distraiga y me metan un gol.

Ya le vi la mala idea.

La segunda pregunta también fue muy buena:

—¿Ha probado usted a contar ovejas?

—Sí, señor, pero cuando voy por la oveja 4.300 o 4.500 me tengo que levantar para ir a trabajar. Que ése es el problema, que lleno la habitación de ovejas y no sé qué hacer con el rebaño, si venderlo o esquilarlo.

Total, que me dijo que me iba a hacer un «tes». ¡Y una

meriendica me podría haber preparado! ¡Oye, con lo que cobran!

Pues sí, porque me cobró 15.000 pesetas por la consulta, que ya me quejé:

—Oiga, doctor, que vengo a arreglar mi problema, no el suyo.

—Es que es la primera consulta —me contesta.

—¡Y la última! —le dije yo.

Y aquí estoy, que estoy loco perdido, buscando algún conjunto que pueda venir al pueblo sin armar follón. Que es que hace dos años vinieron los de «La Polla Record», ¡y se montó una que para qué!

Se ve que los mozos del pueblo se lo tomaron a pecho, empezaron todos a bajarse los pantalones y los calzoncillos, y se montó una…, unos gritos… Bueno, vino gente a ver aquello, hasta la Guardia Civil. Y todos comparando:

—Que pa'eso la mía.

Es que no me digas a mí que llamarse La Polla Record, que no sé quién será el que da nombre a los conjuntos, pero este año nos han ofrecido a unos que se llamaban «Tarzán y su puta madre buscan piso en Alcobendas». Que lo que digo yo, si están buscando piso, ¿cómo van a venir al pueblo a cantar?

Hay unas que se llaman «Ella Baila Sola», que si baila sola es porque quiere, que si viene al pueblo bailará hasta con el alguacil.

Yo no entiendo nada de música, pero dicen que hay unos que se llaman «Dinamita pa los pollos», ¡lo que les faltaba a los animalicos!, no tenemos bastante con las vacas locas y con la fiebre de los cerdos, que ahora también les van a dar a los pollos dinamita, pues, ojico, que si explotan en el corral se nos cargan hasta los huevos.

Hay otros que se llaman «No me pises que llevo chanclas», ¡coño!, que se pongan otra cosa, que se pongan unas botas.

Lo que no queremos que pase es lo que pasó el año pasado, que vinieron a cantar los de «Danza invisible», oye, y ni los vimos, yo pensaba que un poquico los veríamos, pero nada.

Calla, que la gorda ha sido el otro día que me dijeron de ir al pueblo los de «La oreja de Van Gogh», que digo yo: Pero si es oreja, es pa'escuchar y no pa cantar, y me dijeron que no, que cantaban.

¡Qué nombres más raros!, con lo fáciles que eran en nuestro tiempo: «Los relámpagos», «Los truenos». Cogías un catarro, pues «Formula V», y a seguir dando «Brincos» con los «Diablos».

Bueno, señores, que es que me tengo que ir, que tengo hora con la psicóloga, que ya sé que la pe no se pronuncia, ¡pues que no la pongan!

Con el volante en la mano

Muy buenas, buenas a todos, ¿el último, por favor? ¿No están esperando ustedes al doctor García Morales?, don Fiebre, digo, don Fermín, Fermín García Morales, que es médico de genitales, vamos, es «murólogo», de las vías respiratorias bajas, ya me entienden.

Yo no sé la de vueltas que llevo dadas hoy, no me extraña que te den un volante pa' tantas vueltas como te hacen dar. ¡Ahora!, cuando me dieron el volante dije yo:

—Pues si esto es el volante, ¿cómo habrá quedado el coche?

Es que es la primera vez que me dan un volante de éstos. Si fuera de tractor, aún me manejaría, pero de médicos, como no he estado nunca. ¡Y no será que no me gustan las enfermeras! Pero que no me ha hecho falta ir nunca. Donde esté un buen trago de vino y un buen pedazo de jamón, que se quiten las pastillas.

Yo las enfermedades me las tomo a risa, una vez me salió un «anzuelo» de ésos en el ojo, y me fui a pescar. Otra vez cogí un catarro y, al momentito, ya se lo había pegado a mi mujer. ¡Claro!, como dicen que el catarro se cura con el calor de pecho ajeno. ¡Pues hala! Al día siguiente, mi mujer tosía y yo estornudaba. Que lo que le dije a mi mujer:

—Aún te quejarás, mira cómo rejuvenece el catarro, que nos ha dejado a los dos hechos unos mocosos.

Yo es que malo no he estado nunca. Una vez en la mili me pusieron un inyección, puse el culo duro, el músculo, y se dobló la aguja. ¡Conque fíjate tú!

¿Y ustedes a qué médico están esperando, pues? ¡Madre, cuánta gente! ¡Claro!, como esto es tan grande, por eso nos mandan a Madrid, porque tienen de todo. No como en mi pueblo, que es «inhóspito», osea, que no tiene hospital; por eso se le llama inhóspito.

Por eso nos mandan aquí, para hacernos lo que no pueden hacer allí en el ambulatorio.

Nada más bajarme del autobús, nada más bajarme le pregunto a un joven:

—Oiga, por favor, ¿para ir a la facultad de Medicina?

Y me salta:

—A ti, aún te falta el bachillerato y la selectividad.

Así que aquí estoy. ¿No es éste el Gregorio, el Gregorio Ramón y Cajal? Que es que tengo que hacer rehabilitación, porque resulta que tengo ostrosis, digo no, «astrosis» en las manos, mira, y me las hacen meter en, ¿cómo se llama esta mujer? Fina. Sí, en parafina, que es cera caliente, y saco los dedos que parecen cinco velas en un candelabro.

Me han sacado también un tendedero, un tendedero en un nervio, digo tendinitis.

Que vaya nombrecitos que les ponen a las enfermedades: tendinitis, prostatitis, cistitis, artritis. Que parece que tengas jugando contra ti a la selección italiana de fútbol.

¡Claro!, se te ponen a buscar cosas y las encuentran. ¡Ya lo creo que las encuentran!

A mi cuñado le pusieron hace poco un taxímetro. Ya sé que es «marcapasos», pero como él es taxista, se empeñó en un taxímetro. Y eso que cuando fue a visitarle el médico no fue por el corazón, fue por una trombosis en la cabeza. Que se ve que le dieron con el trombón mientras ensayaba con la banda.

Yo no tenía que haber dejado que me hicieran tantos análisis. ¿Qué le importa a nadie lo que tengo yo? Que si tengo más de esto y menos de lo otro. Me han dicho que tengo muy alto el colesterol, así que los huevos ni verlos. Así que ahora paso por el corral con los ojos cerrados, para no verlos.

Y lo peor de ir a por los resultados con tu mujer es que se entera de todo.

—¡Pues menos mal que te han encontrado algo alto! —me ha dicho.

¡Hombre! También tengo que reconocer que gracias a lo que me han hecho me he enterado de que soy millonario. ¡Sí señora, millonario! Tengo cinco millones y medio de glóbulos. Que aún le he dicho a la enfermera cuando me ha dado el análisis:

—Pues ya sabe dónde tiene que cobrarlo todo, de los cinco millones esos que me han encontrado.

—¡Qué cosas tiene usted! —me dice la enfermera.

Eso, eso es lo que quiero saber, qué es lo que tengo.

Que me están friendo con los análisis, aún me acuerdo el día que me hicieron el análisis de sangre. ¡Qué estocada me pegaron! ¡Con una jeringuilla «así»! Con lo que soy yo para lo de la sangre, que veo una gota y me mareo.

Y me dicen:

—Es que no le encontramos la vena.

Cómo me la van a encontrar, al ver semejante jeringuilla se habrá escondido la criatura.

Como lo del análisis de orina. Más de una semana estuve pa' hacerme el análisis. Nada, que como tiene que ser en ayunas, pues que cuando me quería dar cuenta ya había meao. ¡Coño!, te levantas medio dormido.

Lo bueno es que don Ramón, el médico de mi pueblo, tiene mucha paciencia con nosotros, es un santo.

Yo antes sólo iba a verlo cuando íbamos a cazar. Aún me acuerdo un día que llegó destrozado:

—No sé pa' qué he madrugado tanto y me he pasao el día andando, pa' no matar nada —decía.

Y le dice su mujer, doña Clara:

—Ya te lo decía yo, si querías matar algo haberte quedado pasando la consulta.

Tiene tres hijos, y un día le preguntaron:

—¿Todos sus hijos van pa' médicos?

Y contesta:

—No, sólo los mayores, el pequeño tiene poca salud y estudia para paciente.

¡Es muy majo! Fue una gorda de allí del pueblo a su consulta para que la mirara por rayos, y le dijo:

—Lo siento, maña, pero aún no hemos instalao la pantalla panorámica.

Y mi cuñada, que es muy pesada, fue a verle porque oía voces en su interior, que oía una voz que le decía:

—Compra el cupón del viernes, compra el cupón del viernes.

Así que fue al médico y se lo contó:

—Doctor, que escucho una voz que me dice: «Compra el cupón del viernes.»

—Nada, no te preocupes, quédate tranquila, que eso será cosa del intestino ciego.

A mi mujer le sacó incontinencia, que yo creía que era porque no iba a comprar a Continente.

Luego la trató de insomnio, porque no podía dormir por las noches. Le dio unas pastillas y le advirtió:

—Cada media hora disuelves una en un vaso de agua y haces gárgaras dos veces.

—¿Y con este tratamiento me curaré? —le dijo mi mujer.

Y él le contestó:

—Seguramente no, pero pasarás la noche más entretenida.

Mañana tengo que ir sin falta al periódico, ande los anuncios de pérdidas, porque me dice el médico que he perdido la libido. Yo ya notaba algo, porque hace tiempo que me la está buscando la mujer y, nada, que no aparece, ¡vamos!, que no me la encuentra.

El Primi

¡Que me ha tocao! ¡Que me ha tocao! ¡Ay, que me ha tocao! ¡Que esto no ha sido un pellizco, no, ha sido una paliza de millones la que me han dado!

¡Señores, que me ha tocado la Primitiva! ¡Toda entera!

Una coincidencia ha sido, fíjate tú, llamándome Primitivo como me llamo, va y ¡zas!, la primitiva. Un millón de euros pa'mí solico.

Y eso que casi no me tocan, porque yo puse el 14, que es el día que nací yo; pero mi madre estuvo a punto de tenerme el 13, que fue cuando rompió aguas. Así que si yo nazco el 13, no pongo el 14, y no me toca. ¡Fíjate! Gracias a mi madre. Que se ve que era supersticiosa y aguantó la mujer hasta el 14.

Yo he puesto el 14, ¡zas! Un millón. El 14, el 8, el 3, ¡vamos! los seis más el complementario.

Fíjate, yo que sólo fui rico de pequeñico, pero unos días nada más. Cuando me decían al verme en la cuna:

—¡Ay, qué niño más rico! ¡Qué rico es!

Pero enseguida me di cuenta de que de rico, nada; si mi pobre padre se iba a trabajar a las seis de la mañana y venía a las diez de la noche pa'traernos un plato de garbanzos y un paquete de leche en polvo. ¡Fíjate!, ahora que la hacen desnatada.

Si yo he sido pobre hasta de glóbulos rojos, si yo he tenido el jornal congelao toda la vida, metido en el frigorífico, y cuando lo necesitábamos lo descongelábamos y en paz.

Pero ahora, eso sí, de rico te vuelves medio tonto, como te lo hacen todo... Uno me ha abierto la puerta del coche, bueno del coche, del bolígrafo éste con ruedas, que me han regalado los del banco por meterles el dinero. Claro, pa' tenerme bien sujeto, porque éstos son capaces de quitármelo si les saco el dinero; ahora, que ya les dije cuando me lo dieron:

—Santa Rita, Rita, Rita, lo que se da no se quita.

Si cuando eres rico no tienes nada tuyo, ahora llevo la colonia del Calvin Klein, los calzoncillos del Hugo Boss, y así todo el cuerpo, sin embargo, antes era todo mío, poco, pero mío.

La verdad es que el dinero te cambia mucho, las cosas como son; fíjate que antes estaba con achuchones, que si la tensión, que si el colesterol, que si no sé qué, ahora, me hacen una revisión y paso la ITV con la boina.

Ya lo creo que cambian las cosas, hasta en el vestir; ahora voy de esmoquin y antes iba de gorra a todas partes, a ver, no había.

Lo que pasa es que lo de ser rico es aburrido, sólo saben hablar de dinero y de chicas. El otro día me decía uno que vive allí, junto a mi mansión, que estaba en la cama bien acompañado y que vio un relámpago, y fue ver el relámpago, saltar de la cama y salir a la calle gritando:

—Os compro los negativos.

Que se ve que se creía que le habían hecho una foto, y era que había tormenta.

Y es que a lo que más miedo tienen los ricos es a divorciarse. Que eso es lo que no entiendo yo, que se divorcia un rico, y a la rica le quedan dos o tres millones de euros. Se divorcia un pobre, y la pobre se queda con los niños y las letras del piso.

Y ahora que digo piso, me he comprado una casa, que no es que sea una mansión, es un bloque entero pa' nosotros solos. Aún no sé cuántas habitaciones tiene. ¡Más que un hotel!

Está bien, pero yo echo de menos lo del servicio, vamos, lo del cuarto de baño. Allí, en el pueblo, teníamos uno pa' toda la familia, que se metía mi hija Paquita al baño y aunque tuvieras prisa no te quedaba más remedio que esperar. Pero esperar en la puerta, porque te ibas y se te colaba la mujer.

Ahora, con catorce cuartos de baño, ¡es de aburrido!, vayas al que vayas no te encuentras a nadie, como no sea a la señora de la limpieza.

Por eso los ricos son tan raros y hacen las cosas que hacen. El otro día se murió una vecina mía muy ricachona y excéntrica y le dejó todas las perras al perro y al gato, 500.000 euros a cada uno. Que lo que le dije al abogado, que es vecino nuestro también:

—¡Anda que estarán buenos los herederos!

Y me dice:

—El que ha impugnado el testamento ha sido el loro, que es el único que habla claro.

Y para entrar en la *jet set*, pa' hacerte socio de un club de esos, te piden de todo.

—Oye, ¿tú de qué familia desciendes? —me dice el del club.

—¿Yo?, de Napoleón, toda mi familia desciende de Napoleón Bonaparte. Yo desciendo de los cuatro que dejó vivos en Zaragoza.

—¡Ay, qué gracioso!, sólo falta que me diga que sus antepasados viajaron en el Arca de Noé.

Y ya me puse yo chulo:

—En el Arca de Noé viajaría tu familia, en todo caso, porque los míos tenían yate propio.

—¡Qué salidas tiene usted!

Para salidas la de la condesa ésa, ¿cómo se llama?, doña Rosa, que el otro día, saliendo de una fiesta, se le acercó un pobre, educado, muy educado, pero pobre, delgadito y muy mal vestido.

—Señora, por favor, déme usted algo, que hace cinco días que no como.

Y le salta la condesa:

—¡Ay, cómo me gustaría tener su fuerza de voluntad!

Pa' darle con *La Farola* en la boca.

Como a los niños ricos, que lo que más les gusta cuando llegan las Navidades es sentar sobre sus rodillas a los Reyes Magos y a Papa Noel y preguntarles qué necesitan.

Igual que a mí, que me estuvieron trayendo la misma bicicleta tres años seguidos. Barra por aquí, pierna por debajo de la barra y hala, así toda la infancia. No sé cómo no hemos salido más deformados.

¿A que no saben qué es lo que más me gusta de esto de

ser rico? Los guardaespaldas. Pero no de esos que van vestidos todos igual, con las gafas oscuras para que no sepas a dónde están mirando, y con esos sonotones que parece que están sordos, o escuchando el partido por el transistor, no, ésos a mí no me gustan; porque cuando te rodean, todo el mundo mira a ver a quién protegen, a mí me gustan las guardaespaldas, que, como están tan buenas, las miran a ellas, y no se fijan en mí. Yo he contratado a tres: la Bono Loto, la Primitiva y la Quiniela.

Pues eso no es nada, tendrían que ver los guardaespaldas que lleva mi mujer, se los quiere fichar hasta la Estefanía de Mónaco.

«Que me he separao»

¡Que me he divorciao! ¡Que me he separao! ¡Menos mal!, porque además de aguantar a la hija tenía que soportar a su madre y le dio por la terapia de choque, y después de un encontronazo teníamos un topetazo y nos pasamos la vida dando partes al seguro, a su hija, o sea a mi mujer, que es la mismísima aseguradora.

—Que tu marido me ha dicho «metementodo».

También ma' dicho ella a mí «parásito». Y se enfada porque le contesto:

—Paa-Sito-Pons.

Y se cabrea porque no sabe que es un carrerista.

Pues sí, señores, ¡me separo! Y vengo de celebrar la separación.

Han estao ella, su novio (que vaya novio que se ha echado, tiene por lo menos quince años de experiencia en el paro, vamos, que no ha trabajao nunca. ¡Claro, que en algo tendrá que gastar las energías! Han estado también los chicos y ya se podrán hacer una idea de quién ha pagado todo.

¡Ahora, la última vez! ¡Eh! La última vez.

Con la cantidad de mujeres que hay en el mundo y me fue a tocar ella. Bueno, la verdad es que ni me tocó, que fui yo el que la tocó a ella. Y nada más que por eso, ¡hala!, pa' toda la vida. Bueno pa' toda la vida no, que ya s'acabao.

No se puede decir que me casara con ella por lo bien que guisaba, que de eso nada, ahí bien me engañó su madre, porque guisar, la nena no guisa. Era la madre y luego decía que había sido la nena. ¡Tenía un abrelatas!, y era mejor que lo usara porque si no me lo quemaba todo. Yo en mi casa me lo comía todo al «baño de María». Que lo que decía yo:

—El día que se nos ahogue la María, a ver qué comemos.

Fíjense si guisaría mal, que tenía úlcera hasta el perro.

La conocí en un ascensor, subíamos solos, yo iba al décimo piso y ella a por mí. En el segundo piso se me insinuó:

—Me gustaría sentirme mujer.

En el tercero repitió, al pasar por el quinto volvió a las andadas:

—Me gustaría sentirme mujer.

En el sexto avanzó muy cariñosa y me repitió:

—Hazme sentirme mujer.

Así que me quité los pantalones y le dije:

—¡Plánchalos!

Caprichosica ha sido mucho, ¡lo que he consentido a esa mujer! ¡Fíjate! Se pasó más de un año pidiéndome que le comprara un visón, se lo compré y no le hizo ni caso, dejó de echarle de comer y se le murió. Y una vez me pidió dinero pa' ir a un médico muy bueno pa' hacer un régimen alimenticio y perder unos kilos, y en tres meses perdió 600 euros.

Y nunca le he tenido en cuenta lo despistada que es, que despistada ha sido mucho. Una vez se dejó los grifos abiertos y se inundó toda la casa, lo único que se salvaron fueron los teléfonos, porque eran de góndola.

¡Ojo!, y que conste que todo esto de la separación empezó por una vecina, que le dijo un día:

—No sabía yo, Pascuala, que tu marido fuera amante de la fauna y de la flora.

Ahí fue, anda, anda, no le dijo nada. Como la estanquera del pueblo se llama Flora y está para pegarle como a los sellos, con la lengua... ¡no me dio nada mi mujer! ¡Y lo que me insultó! Me llegó a decir que era como una bicicleta de gimnasio, porque me montaba, me agitaba como un toro y no llegaba a ninguna parte.

Decirme eso ella, que es un témpano de hielo, que miren si será fría que por casa va con ropa interior, camiseta, blusa, vestido, falda, pantalón, suéter, chaqueta y bata. Así que cuando me ponía romántico me parecía que estaba pelando una cebolla. Sí, porque al final acababa llorando por lo que encontraba.

Este último año lo he intentado en 365 ocasiones y tan sólo he tenido éxito en 36. El resto eran excusas, que me las he apuntao y todo:

No, que se pueden despertar los niños (*¡Cómo se van a despertar, si duermen como lirones!*)	18 veces
No, que tengo mucho frío (*Hija mía, vaya invierno más largo*)	19 veces
No, que estoy cansada (*A mí sí que me tenías cansao*)	52 veces
No, que es muy tarde (*Y si iba antes, que era muy pronto*)	38 veces

Se hizo la sorda, vamos, la dormida	69 veces
No, que la ventana está abierta y pueden vernos	9 veces
No, que me duele la cabeza	20 veces
No, que tengo dolor de espalda (o de muelas)	17 veces
No, que no estoy de humor	6 veces
No, que he ido a la peluquería	19 veces
No, que hoy no es el día apropiado	31 veces
¡A ver si nos oye mi madre!	31 veces
TOTAL:	329 veces

Y de las 36 que quedaron, 21 dijo que deprisita, que había que madrugar, 4 que había que pintar el techo y 11 tuve que despertarla pa'decirle que había terminado. Y una de esas veces tuve miedo, creí que le había hecho daño, porque se movió.

Este último año hemos celebrao las «bodas de papel», y digo de papel porque, durante todo el año, al llegar a casa me encontraba con un papel que decía: «La cena está en la mesa.»

Como despedida de mi matrimonio le he dedicao una jota:

Te das polvos en la cara
y dices que son de arroz...
No te pongas comestibles
donde haiga de besar yo.
Donde haiga de besar yo
te das polvos en la cara.

Teniente de alcalde

¿Es aquí donde se hace el telediario? Porque es que resulta que yo he venido del pueblo pa'ver si hablo con alguien del gobierno y me explican unas cosas, porque tenemos un lío de «muchismo» cuidado. Me han encargao a mí porque yo soy el teniente alcalde de mi pueblo. ¡Fíjese usted!, yo que en la mili no pasé de cabo, quién me iba a decir a mí que habría de llegar a teniente.

Ahora resulta que nos hemos reconvertido. El Cipriano, que antes estaba en los almendros, se ha pasao a la gasolinera del empalme, que le dicen del «empalme» porque to'l mundo que se va a echar gasolina se la tiene que empalmar él mismo. Que lo que dice el encargao:

—Así no tengo que hacer nada, que la gente se pone la gasolina, viene ande tú y te paga.

Oye, por lo menos la gente se ahorra la propina.

Desde luego, qué sacrificadas que son las gentes del campo, aquí en la capital te pones malo y en un momentico, hala, a la UVI. Allí, a la «remolachi», a enterrarte. Entre que te coge la ambulancia, entre que te sube y que te baja, ¡remolachi!, o sea, enterrao.

Y eso que la medicina ha mejorado. A mi cuñado le salió un florónculo en el culo, y le han operado de un testículo.

¡Como está al lao! Le preguntaron que si tenía el sueño profundo y él dijo: «muchismo», y se les puso a roncar allí mismo. Bueno pues aprovechando una siesta, lo operaron, y se ahorraron hasta la anestesia. Que lo que dijo él:

—Mejor, estoy de la Anastasia hasta encima de lo que m'an quitao.

¡Claro! como su mujer se llama Anastasia...

Porque ahora a la mínima te lo quitan todo, como los bancos, que te descuentan el recibo, la comisión y los sellos. ¡Claro!, como aquí sólo se piensa en el fútbol. En qué país vivimos, que el presidente del Gobierno cobra 100.000 euros y el seleccionador nacional de fútbol, 600.000.

Que estamos todos enfutbolaos, sólo se habla de fichajes. Se habla más de los fichajes del fútbol que de los que ficha la Guardia Civil. En lugar de tener un programa en la tele para enseñarnos a librarnos de los presuntos, hay cuatro o cinco donde sólo se habla de que si el uno tiene el menisco estropeado y no podrá jugar el domingo, ¡pues que juegue el lunes!, que no será que no tiene días. Fíjese usted, dicen que en los noticieros ponen deportes, pero no es así porque sólo hablan de fútbol, que le dan más importancia a la opinión de un delantero que a la de un filósofo.

Tengo que hablar con las autoridades pa'que me aclaren lo de las parejas de hecho, porque no sabemos si les tenemos que preguntar ¿qué es lo que han hecho?, ¿por qué lo han hecho?, o ¿dónde lo han hecho?

En el pueblo lo de las parejas de hecho es importante, porque si viene el Ceferino con la oveja y me dice que los apunte, a ver cómo lo apunto yo, que luego clonan a la oveja y en lugar de una tiene veinte, y eso hay que aclararlo, así que quiero saber si lo de la oveja vale o no vale, o si resulta que son los «arrejuntaos» de toda la vida, que ahora los llaman así porque tienen la manía de cambiarlo todo. Te cambian las cosas sin avisar y luego pasa lo que pasa. Por ejemplo, lo del divorcio. Antes existía el «me voy a por tabaco». Y te quedabas a vivir con la estanquera, y te salía gratis. Ahora haces lo mismo y te cuesta como si te fueras a Japón. Por cierto, qué país más majico, ¿verdad?, con lo pequeñicos que son y se comen hasta las ballenas, pero a todas, como que no están dejando una.

También han cambiado el precio del dinero, lo han bajado, pero a mí eso me da igual, como yo no voy a comprar dinero. ¡Mientras no lo regalasen! ¡Cómo está la economía!

El IPC está el pobre que no sabe pa'dónde tirar, que si pa'arriba, que si pa'bajo. Unos lo quieren subir y otros lo quieren bajar. Total, que vas a los bancos y en lugar de intereses te dan, cacerolas, cuberterías, bicicletas, relojes... Que sales del banco que parece que vienes de El Corte Inglés.

¿Usted se ha perdido alguna vez en El Corte Inglés? Yo siempre que voy, siempre, le voy a preguntar a uno que no es de allí. El otro día le pregunto a un señor de gris:

—Por favor, ¿los electrodomésticos?

Y va y me contesta:

—Oiga, que ya me lo han preguntado cuatro.

¡Encima de que le doy un nuevo puesto de trabajo, aún se queja!

Hablando de nuevos puestos de trabajo, a las entradas de las grandes capitales deberían poner un servicio para atender a los que venimos de fuera cuando nos perdemos. Un servicio de unos chicos vestidos con un mono de color rojo, o verde, o como sea, que estén en las entradas a la ciudad, entonces llegas tú y le dices a uno de ellos:

—Hala, suba usted, coja el volante y lléveme a la tele (o al ministerio de lo que sea).

Y, como si fuera un taxista, te lleva con tu propio coche y te espera en la puerta hasta que salgas de donde estés. ¡Vamos, que no sé yo cómo alguien de aquí no piensa en eso!

Para despedirme les voy a cantar una jota:

Me se escapó la mujer
y cobré la lotería.
En el mundo no hay un hombre
con suerte como la mía,
con suerte como la mía,
me tocó la lotería.

El oficio de playero

Hoy voy a hablarles de las vacaciones y otro día les hablo de las vacas locas, que ésa es otra. Ahora dicen que hablan y todo. En un prado había dos vacas y una le dice a la otra:

—¿Sabes que dicen de nosotras que estamos locas?

—¿De quién? —se extrañó la otra.

—De quién va a ser, de nosotras, de las vacas.

—¡Y a mí que me dices, si yo soy un pato!

Lo dicho, hoy vengo a hablarles de las vacaciones. ¡Ojito con las vacaciones! ¿Esto son vacaciones? Ir cargado con la sombrilla, la bolsa, el flotador, las aletas, la colchoneta, los bronceadores, la tabla de surf… ¿son vacaciones? ¡Que parezco un explorador, o un porteador, o un cargador de muelle!

Al ir a salir de casa empieza ya el tormento, el interrogatorio:

—¿Has cogido los manguitos?

—Supongo. ¡Coño, claro!, los manguitos supongo que irán en el coche puestos como han ido toda la vida, ¿por qué no iban a estar ahora? ¿Voy a quitar los manguitos para salir de viaje? He cogido los manguitos y todo lo demás.

—No, me refiero a los manguitos de la niña, que ya sabes que no sabe nadar.

Los manguitos, el aceite para antes del baño, el aceite para cuando sales del baño y el otro aceite para cuando te has duchado. ¡Coño, si estás todo el día en aceite como las anchoas! Me imagino yo a los poros de la piel diciendo:

—¡Pero qué está pasando aquí! Todo el año de secano y ahora en quince días me quema con el sol, me ahoga con agua salada y me tiene todo el día en aceite.

Que es que te rozas con alguien y sales despedido. Coges al niño de la mano y se te escurre. ¿Cómo no te van a picar las medusas, si van al olor del aceite? ¿Y ese aceite pegado en la piel mezclado con la arena de la playa? Parecemos croquetas con patas, todos ahí rebozados.

¿Y cuando aun rebozados y todo, «pringaos», que los tíos somos unos «pringaos», pasa una tía con una tanga como para bailar un tango y te pones a seguirla perdiendo toda orientación, porque sólo estás pendiente de lo que estás pendiente, y vas pisando los castillos de arena a los niños? A tu paso sólo se oye llorar a los niños y gritar a los padres:

—¡A ver si miramos!

Y tú diciendo:

—¿Qué te crees que estoy haciendo?

¿Y cuando vas metiendo el pie por los hoyos esos que hacen en la arena para que entre el agua, que parece que vas cojo?

Y cuando te tumbas al sol y pasa uno justo enfrente gritando:

—¡Helado!... Hay bombón helado. Bombón de fresa, lo tengo de nata.

¿De nata? Te iba a dar yo con toda la nata en la cara, que te jo..roban la siesta con el bomboncito helado.

Y el de los perritos calientes, que se te pone justo al lado y empieza:

—¡Tengo perritos calientes!

¡Yo también lo tengo caliente, el perrito, y no se lo digo a nadie!

Y cuando estás en lo mejor de la siesta y llega uno con una caja llena de collares, linternas, pañuelos, gafas, que es como una tienda ambulante, y te dice:

—Barato todo barato. ¿Tú compra?

Abres un ojo y ves aquel tío, que no sabes si está negro de las horas de playa que lleva o de que no vende nada. Ahí es cuando te das cuenta de que a ti, el que de verdad te pone negro no es el sol, es el tío ése, así que te levantas y te vas al chiringuito. ¿Y cuando al del chiringuito le pides un helado, un Calipo, que te lo cobran como si estuvieras comprando el *Calipso* del comandante Cousteau? ¿2 euros por un Calipo? ¡Oiga, que le he pedido un helado, no el traspaso!

A todo esto viene el niño llorando porque le ha caído un cometa en la cabeza, y a tu mujer la está atendiendo la Cruz Roja del Mar de estocada en el bajo vientre producida al parecer por una sombrilla que huía despavorida del viento salvaje, el mismo viento que minutos antes hizo descender el cometa que pegó al niño.

¿La playa? ¡Odio la playa!, a mí la playa me da alergia, me salen granos; ahora eso sí, dice mi mujer que son granos inteligentes, porque a mí me salen los granos con cabeza.

¡Odio la playa! No se puede pasear, ¿no han visto ustedes a las Conchitas Martínez y a los Pitt Sampras entrenándose al borde del agua? Es que la gente aprovecha la playa para hacer tenis con unas pelotitas, que pican, que ya te digo. Y los que paseamos junto al agua hacemos de red. ¡Qué pelotazos! ¡Qué raquetazos!

Y lo peor aún está por venir. Hay que ir a comer, sí, sí, comer. Lo primero que hay que hacer es cola, después ligarte al camarero a base de bien, para que te busque una mesa que no encuentra nunca, y que te siente en una tabla con patas, cojas todas, y en unas sillas de plástico que, como el sol las lleva castigando toda la mañana, se abren de patas en cuanto te sientas, y ¡zasca, tozolón!

Y ahí estás tú de nuevo, en la arena rebozado y magullado, con el bañador mojado que no tienes dónde cambiártelo, porque el baño es todo menos eso. Yo he entrado en baños que eran *parkings* de motos de agua.

Ésa es otra, la de las motos de agua. ¿Han visto cómo te pasan? Uno llega a coger complejo de portaaviones, o destructor de los Estados Unidos. Parece que te están tirando torpedos, que te descuidas y te dan, motos de agua, tablas de *windsurf*, barcas con pedales, y tampoco es el caso ponerse a gritar allí, porque se te llena la boca de agua.

¡Para vacaciones en la playa, de donde vengo ahora, del Caribe! ¡Qué gozada! Solito, solito pero no de sol, solito de solo, sin niños, sin la mujer, la tuya.

¡Viva mi empresa! Mi empresa es una maravilla, hemos estado una semana en la playa. Todos de la empresa. ¡Qué semana!

Allí tumbado todo el día debajo de una palmera, con ese camarero:

—¿Como le gusta tomar el güisqui al señor?

—¡Con muchas tías, tío!

Cofradía y noche

Me parece a mí que este año la procesión no me va a salir tan bien como otros años, este año, voy a ir toda la procesión «cruzao». Más cruzao que un perro con «pedrigrín».

Y todo por mi mujer, que es más pesada que una vaca en brazos. Pero no vayan a pensar que es que está muy gorda, no. Mi mujer es pesada de lengua. ¡Madre mía si habla! Mi mujer entra en la Real Academia Española, y los académicos piden asilo en otro país.

Se pasa el día llamándome y mandándome hacer recados.

—Manolino —a mí me llaman Manolino, por mi abuela, que se llamaba Manolina—, vete a por café, Manolino, vete a por las revistas, Manolino, échale de comer a las gallinas, Manolino, ¿te has duchao?

¡Y con tanto Manolino!, no me deja ensayar con la cofradía.

¡Mira si habla mi mujer, que la echaron de la procesión del Silencio porque no paraba de cascar! Y en la cofradía de las Siete Palabras, no la dejaron pasar de la puerta. ¡Que no aprendió a nadar porque no podía hablar bajo el agua!

¡Pues anda que el hermano! O sea, mi cuñao el Matías, ése es como mi mujer, pero en bruto. El otro día me lo encuentro por la calle y le digo:

—Matías, ¿dónde vas con el perro?

Y me responde:

—Al veterinario, a que le corten el rabo.

—¡Pues sí que le vas a hacer una buena faena! ¿Y eso, pues?

—Pues que viene mi suegra a pasar la Semana Santa en casa, y no quiero que vea ningún signo de alegría.

Y si dice que le corta el rabo, se lo corta.

Mi cuñao es costalero, y el año pasado se metió debajo del paso para sujetar la peana, y cuando el jefe del paso pegó dos golpes para levantarlo, los demás le quisieron gastar una broma y no levantó ninguno más que él. ¡Y lo levantó él solito! Y mira si es bruto, que cuando lo tenía arriba les dijo a los otros:

—¡A que lo vuelco!

Son toda la familia así; un hijo de éste, el Alfonsito, sobrino mío, con veintidós añicos se puso en el capuchón un lazo blanco y todo el mundo en la procesión pendiente del lazo blanco, hasta que se le acerca el cofrade mayor y le pregunta:

—¿Qué haces tú con el lacico ése en lo alto del capirote?

Y le dice el Alfonsico:

—Que no quiero que pase como el año pasao, que mi madre le dio el bocadillo a otro.

Pues ahora que hablo de mi sobrino, es costumbre en el pueblo que los de la cofradía de los Quintos, ¡vamos!, los que no tienen ninguna objeción, vayan de banco en banco buscando al Judas, y donde le pillan haciendo el ingreso de las 30 monedas, allí mismo, le pegan una paliza que para qué.

Son costumbres del pueblo, igual que en la capital es costumbre hacer procesiones todos los días dentro del coche para ir al trabajo.

Ahora que digo del coche, el otro día la señora Paca, con su marido el señor Laureano, subieron pa'Zaragoza, y aún no llevaban hechos 40 kilómetros cuando la señora Paca le dijo a su marido de parar para hacer pis, y el hombre, que no:

—Haberlo hecho antes de salir de casa.

Bueno, pues pudo mucho o pudo poco, le hizo parar al hombre.

Y cuando la mujer iba a subir al coche otra vez, allí, entre las matas, vio la señora Paca una barbacoa.

—Mira, Laureano, por parar, si no hubiéramos parado, no habríamos encontrado esta barbacoa, y encima está nuevecica.

Pues nada, que la echaron al maletero y siguieron viaje. Aún no habían hecho 10 kilómetros, cuando los para la Guardia Civil.

—Buenos días, señores.

Y el señor Laureano:

—Oiga, señor guardia, que no hemos hecho nada, que voy despacio y por mi derecha y no he pisado ninguna rayica.

—No se preocupe, tranquilícese, sólo le voy a hacer una pregunta.

—Diga usted, diga.

—¿Han parado hace unos 10 kilómetros?

—Sí, señor, es que mi mujer es una meona, y se ha empeñado, pero no hemos parado en el arcén, hemos parado en un camino, y bien adentro.

—Bien, ¿y no han visto nada?

—Una barbacoa, la ha cogido mi mujer, nuevecica está.

—¿Podrían ustedes devolvérnosla, por favor, que es nuestro radar?

Si viajan esta Semana Santa, vayan con cuidadico, no corran ni se apresuren, lo importante es regresar, volver. Mira el Mariano, que el año pasado se fue con toda la familia en el coche, y volvieron en el autobús de línea.

Ya verás. Pues que resulta que los hijos querían ir a ver un «Safarin Parss», así que los montó a todos, y pa'l «Safarin Parss». A la entrada ya les dijeron que no abrieran las ventanillas, y que no dieran de comer nada a los animalicos, que estaba prohibido.

Pero se ve que hacía mucho calor con cinco personas allí dentro, y a la abuela no se le ocurrió otra cosa que abrir una rendija en la ventanilla de atrás, para que corriera un poquico el aire.

Bien, todo bien, pero al llegar a la zona de los paquidermos, ande los elefantes, se les acercó uno y les metió la trompa por la ventanilla dentro del auto. ¿Qué hizo la abuela? Pues que se asustó tanto, que no se le ocurrió otra cosa que sacar un frasco de colonia del bolso y echarle colonia al elefante. ¿Y el elefante qué hizo? ¡fuuruunnh...! Y les puso de mocos hasta en el radiador. El Mariano, que se asusta, que aprieta el botoncico, sube la ventanilla y le pilla la trompa al elefante. ¡Meca! ¿Qué hace el elefante?

Le arrancó la puerta de cuajo, chafó el cristal, y en vez de meterse en el coche con ellos, se marchó.

Llegaron escopeteados los del «Safarin Parss» con un coche cebra, y los sacaron de allí como pudieron, todos «infartaos».

Al Mariano le tuvieron que dar para reanimarlo dos copas de coñac, porque no reaccionaba. Y luego tenía una preocupación:

—¿Cómo voy yo ahora pa´mi pueblo por la carretera sin la puerta?

—No se preocupe —le dijeron.

Oye, que se la pusieron encima atada con cuerdas y unos celos para que no se cayera nadie.

Arrancan, de regreso pa'l pueblo, y aún no llevaban 30 kilómetros, la pareja de la Guardia Civil que los ve sin puerta y los para pa'preguntarles.

—Buenas tardes, ¿dónde van ustedes sin puerta?

—Pues ya verá usted, señor guardia, deje que le explique. Resulta que nos ha atacado un elefante, y luego la abuela se ha asustado y le ha echado colonia en la trompa, entonces él se ha enfadado y nos ha arrancado la puerta de cuajo, él solico.

Y dice el guardia al compañero:

—Manolo, tráete para hacerle a este señor la prueba de la alcoholemia.

¡Claro! Es que ver un elefante en la carretera de Extremadura se las trae.

Y como había tomado dos copas de coñac para reanimarse, dio positivo, le precintaron el coche y volvieron todos en el autobús de línea.

El perro de mi cuñado

Aquí me tienen, paseando al perro de mi cuñado. ¿Quién me iba a decir a mí que tendría que salir a la calle a pasear al perro? Me ven en el pueblo y se parten de risa. En el pueblo no paseamos a los perros, allí los dejamos sueltos y que paseen por donde quieran.

Aquí hay que tener un cuidado con ellos que para qué. Éste, por ejemplo, tiene «pedrigrín». Que yo creía que tendría el moquillo, o pulgas, dicho en fino, pues no señor; eso es que tiene papeles, ¡vamos!, que conocen al padre y hasta la madre que parió al perro. Todo lo contrario que en el pueblo que, como mucho, sabemos quién es la madre, y eso si la vemos preñada.

Pero aquí en Madrid estoy asustao de la importancia que se les da a los perros. El otro día que también salí a pasearlo, una señora que iba con otro, tan grande que prácticamente era el perro el que iba paseándola a ella, se me acerca y me pregunta:

—El mío es pastor alemán. ¿Y el suyo qué es?

Yo le contesté:

—Pues creo que es de aquí, vamos, que no es alemán, y creo que oficio no tiene, no es pastor, ni policía, ni cazador, ni nada, es de mi cuñado.

—¿Y lo han cruzado ya?

—Sí, señora, hace un momentín, por aquel paso de cebra —le dije.

Nosotros en el pueblo no cruzamos a los perros por ningún lado, los dejamos sueltos y que crucen por donde les dé la gana, que vayan donde quieran y se gasten las perras que puedan. En cambio, en la urbanización de mi cuñado les dan más importancia a los perros que a las personas, entras y sales de casa y no te saluda nadie, yo me paso el día hablando solo, «Buenas»; «Hola, buenos días». Y nada, pasan por tu lado como si fueran sordos. Ahora, bajo con el perro a la calle y no hay vecino, y sobre todo vecina, que no se acerque para hacer una fiesta al perro.

—¡Sssssstcht! ¡Bonito!, cuchi, ¿cómo te llamas tú? ¿Eh? Bonito, ¿cómo te llamas?

Y yo callao, que le conteste el perro, que para eso le preguntan a él.

Hay algunas mozas, de estas macizas, que, cuando se paran para hacerle fiestas al perro, me dan ganas de ponerme a ladrar y de menear el rabo a ver si así me acarician un poquito, que no hay forma.

Ahora, eso sí, entre unos y otros ¡cómo está la urbanización! Lo más gracioso es por la mañana, cuando bajo a mi sobrino a la ruta para ir al colegio. Por cierto, que llevan los niños unas mochilas que parece que vayan a la escuela con paracaídas. Me acuerdo yo cuando iba a la escuela, que llevaba una enciclopedia y me cabían en ella hasta los reyes godos.

Bueno, pues como les decía, bajas por la mañana y parece un campo de setas. Con decirles que son 100 vecinos y creo que hay 85 perros. Así que se pueden ustedes imaginar cómo está aquello. Parece un campo de minas, si no la pisas aquí, la pisas allí, pero la pisas.

Desde luego, desde que estoy aquí en Madrid, no hago más que ver animales, y no lo digo por la forma de conducir de algunos, no. Que anda que no hay daltónicos, que se pasan los semáforos rojos como si fueran verdes.

Lo digo porque el otro día me llevaron al Zoo de la Casa de Campo, y fue impresionante. ¡Quién fuera mono! ¡Qué alegría! ¡Qué vitalidad! ¡Qué agilidad! Es que no pararon. Y, claro, como íbamos con mis sobrinos me acerqué al cuidador que había allí y le pregunté:

—¿Oiga, si les compro a los monos cacahuetes dejarán de comportarse como se están comportando?

Y va y me contesta:

—¿Usted lo haría?

—Pues no, señor, y menos por unos cacahuetes.

Me he venido del pueblo a pasar unos días en casa de mi cuñado porque la era que yo tenía allí la he vendido y están haciendo un complejo polideportivo.

Es que ya hicieron en tiempos una urbanización de chalés-pegaos, y ahora, como se ve que se aburrían los propietarios, se están haciendo un complejo que para qué. Han puesto golfo, bueno el golf ése, eso que se juega con las peloticas, un palico y luego hay que meterla en un agujerico, por eso se me escapa lo del golfo.

Han puesto también el tenis, que eso lo debió de inventar un pescador porque han puesto una red con muy mala leche, porque si la pasas se te va fuera del lindero, y si no la pasas, no juegas.

Vi un partido un día, y desde luego la gente no sabe jugar, estaba uno aquí, y le echaba la pelota al otro, y el otro se la echaba dentro del lindero pero al otro lado, iba allí todo ajetreado, se la devolvía, y el otro se la echaba al otro lado. Y así no hay forma, si está aquí, ¿por qué se la tiene que echar allí, si él está aquí?, eso es que no sabe o que hay mucha mala leche. ¡Coño!, si estás jugando con él, échasela a él y no allí.

Es como si yo me pongo a jugar al parchís y me voy a otra mesa a tirar el dado.

Bueno, señores, no les canso más, me voy para casa que quiero ver el telediario a ver qué noticias nos echan hoy, que ahora nos ponen cada noticia... El otro día dijeron en la tele, en el telediario de las tres, que el español hace muy pocas veces el amor y que encima lo hace muy deprisa, que tardamos 12 minutos por los 25 que tarda un americano o un francés.

¡Una gracia, la noticia! Ese día se presentó mi mujer en la habitación con un picardías y un cronómetro. No la había visto nunca así.

Yo al respecto sólo tengo que decir que si lo hacemos pocas veces es porque las señoras no quieren, ¡eh! Que se pasan media vida diciéndonos que no, y cuando nos dicen que sí, lo hacemos a toda velocidad por si se arrepienten.

El Eurogio

—¡EUROGIO! ¡Eurogio! Nada, que no contesta, ¡Eurogio!

¿Han visto por alguna parte a uno así, bajito, con un traje negro de pana, con boina, un brazo escayolao, y un teléfono móvil? Es que le ha sonao y se ve que no oía bien, porque me ha dicho:

—¡Claro!, cómo se va a oír si es un móvil y yo estoy quieto parao.

Así que se ha echao a correr, y no ha habido forma de cogerlo.

Pues digo que venimos en viaje oficial, porque venimos a legalizar al Eurogio. Porque no se llama Eulogio, no, se llama Eurogio. Que se ve que, cuando lo fueron a registrar al Registro Civil de pequeñico, se equivocó el oficial, y con Eurogio se quedó. Ahora con la entrada del euro hemos pensado que teníamos que venir los primeros, para que sepan que nosotros teníamos uno en el pueblo antes que nadie.

Y eso que al Eurogio no le hace falta nada, porque menuda cantina tiene. Antes de tener la cantina, tenía una viña, que no vendía uvas ni pa'la Nochevieja. Pero los de la Comunidad le dieron un dinero por arrancar las viñas; le dieron una subvención de ésas, y anda qué menuda cantina que se ha montao. ¡Es una lumbrera!

Pero no es él sólo en el pueblo, que la gente se cree que en los pueblos somos un poquico atrasaos. ¡Y de eso nada! Unos héroes es lo que somos. Porque vivimos más lejos de la U.V.I. que los de la capital. Y más lejos de las universidades.

Y la mayoría de los negocios que hay en la capital los han puesto las gentes de los pueblos.

Mira, hay uno en mi pueblo que es un filósofo, el Fermín, que dijo:

—Todo cambia y nosotros tenemos que ir con los tiempos.

Los refranes, por ejemplo, antes los refranes eran una especie de sentencia del Tribunal Supremo: «Agua que no has de beber, déjala correr.» Ahora no. Dijo el Fermín:

—Agua que no has de beber, embotéllala.

¡Y menuda planta embotelladora que ha puesto! En la fuente de los siete chorros. Más que si hubiera encontrado un pozo de petróleo está ganando. ¿Se han dado cuenta de que nos cobran más por medio litro de agua mineral que por un litro de gasolina súper?

Ahora que todo en la vida no le fue bien. Un día entró en su casa y encontró a su mujer con otro en la cama, y, tuvo mala suerte; porque fue a matarlo, le pegó 30 puñaladas y no hubo forma, porque se ve que era un faquir y lo atravesaba pero nada. Que no pudo matarlo.

Pues que se creen que en los pueblos sólo trabajamos en el campo, y de eso, nada. ¡Menudas fábricas tenemos! Tengo un amigo, otra lumbrera, que tiene una industria...

¡Menuda industria tiene! Mira: capital americano, diseño italiano y fabricación (manofacturación, que le llama él) en Taiwan.

Y cuando le preguntas que si trabaja te contesta:

—Sólo cuando me echo gasolina al coche.

¡Y anda que éste no pasó hambre de pequeño! Dice que sólo comía carne, si era de membrillo.

Mi pueblo ha dado hasta científicos, como el Pascual; el Pascual es una lumbrera que pa´qué. Es astrónomo, se ve que de pequeñico lo llevaron a Zaragoza al dentista y vio las estrellas tan de cerca que se aficionó a ellas.

Éste ha descubierto que los meteoritos son hijos de las estrellas. Lo que pasa es que eso se ve que no sale en la prensa porque no interesa, lo que interesa es saber con quién se acuesta la estrella, no su familia.

Yo, por ejemplo, letras no tengo, y cuando digo que no tengo letras, no tengo. O sea que igual te pongo hombre sin hache, que pago al contado todo lo que compro. Por eso digo que no tengo letras, ¡vamos!, ni de banco.

En mi pueblo estamos muy avanzaos, no porque lo diga yo, pero sí que estamos, hasta a mi cuñao le ha dado por medio invertir cosas; ése con tal sea de comer, lo que sea.

Ahora le ha dado por cruzar cerdos con gallinas, para sacar los huevos con jamón.

También está trabajando en meter las anchoas en las aceitunas por las buenas. ¡Que no se crean que es fácil!

Primero lo intentó con boquerones, que los trató de meter en aceitunas sevillanas, que son más gordas, pero no hubo forma, las aceitunas no dejaban de bailar y los boquerones estaban fritos. Es que quitarle a una aceituna, a una oliva, el hueso, es muy difícil, porque como sólo tiene ése no se deja. Así que dice que se va a ir a plantar los olivos junto al mar.

—¡Eurogio! Me voy a tener que ir y éste que no aparece.

—¡Eurogio!

Teníamos que haber venido la semana pasada, en el autobús, pero que está muy mal la carretera del pueblo y no haces más que pegar botes, y tanto bote es una lata. Así que dijimos: vamos a coger el tren, aunque yo le advertí:

—Que me parece que están de huelga.

Pero el terco:

—No hagas caso, que ahora con el AVE las huelgas son muy rápidas.

Al llegar a la estación había nevado, resbaló y, ¡zas! Se rompió el radio; que aún le dije yo:

—No te preocupes, que te compro un transistor, hasta que te lo arreglen.

Pero no, se ve que el radio que se rompió es el que escucha la muñeca, el que está aquí dentro, y se lo han enyesado.

Como un sobrinico mío que también se estozoló en la nieve esquiando. Eso es lo que no entiendo yo, lo de los esquiadores, que se pegan unas colas de media hora pa'subir a lo más alto, pasando un frío terrible, pa'bajar enseguidica, pa'ponerse otra vez en la cola pa'volver a subir. Pero que dicen que eso tiene tanto éxito porque es muy caro; porque si te pagaran por trabajar en esas condiciones no iría nadie.

Bueno, señores, que éste no aparece y yo me tengo que ir que aún tengo que pasarme por las rebajas. Ésa es otra, las rebajas.

¿Qué me dicen a mí de las rebajas? Parece como que te han engañado. ¿Verdad? Todo el año pagando 60 euros para que luego te digan que por 50 es tuyo. Si estuvieran todo el año vendiéndolo a 55 euros, venderían el doble.

La televisión de la era

Muy buenas noches a todos, forasteros incluidos. Bienvenidos a la emisión de este nuevo programa informativo: Canal Satélite Manual, la televisión de tu pueblo. La televisión de la era. Y digo de la era, porque es desde donde retransmitimos este informativo, desde el pajar de Paco el Panizo.

Antes de dar comienzo al mismo quiero presentaros a nuestros colaboradores. En la cámara, el Ezequiel, que ya le sabréis perdonar si le sale algo mal, es que es como es. Tenía una prima que se metió monja y un día que fue a verla, le dice a la de la puerta:

—Que vengo a ver a la hermana María:

—No es hermana, es madre —le contesta.

—Pues sí que lo siento, porque no le he traído nada pa'l niño.

Y del realizador, qué os voy a decir a los que ya lo conocéis, ya sabéis cómo es. El año pasado, con sus 59 años fue a meterse en el ejército profesional.

—Pero, ¿cómo se va a meter de soldado con 59 años? —se asombraban.

—Coño, ¿es que no tenéis ninguna plaza de general?

Y del corresponsal, qué diremos. El Pascual, que se fue a trabajar de chófer a Brasil, a la Amazonia, y nada más llegar le regalaron un loro que sabía once idiomas; y, claro, por miedo a no saber atenderlo lo envió a España. Después de tres meses volvió a casa, y nada más llegar lo primero fue preguntar por el loro:

—¿Comó está el loro?

Y le salta la mujer:

—El loro estaba riquísimo.

—¿Que os habéis comido al loro?

—Sí, señor, encebollado, como hace tu madre las perdices.

—¡Pero si ese loro sabía hablar once idiomas.

Y le dice la Tomasa:

—¡Coño, pues que hubiera dicho algo!

Sin más preámbulos comenzamos.

Hoy hablaremos de economía; de la suerte que va a tener Ruiz Mateos, que al final le van a devolver todo. Lo que le quitaron en pesetas se lo devolverán en euros. ¡Sí, señor, sí! ¡Mira que gana perras este hombre! Ahora tiene a la mujer haciendo flanes y arroces con leche en la tele. Tiene al nieto colocao en el anuncio. Y todos los taxistas de Madrid se han hecho del Rayo. Que no hay más que verlos, todos de blanco y con la rayica roja en el taxi.

Queremos recordaros desde aquí también, que no se os olvide el turno pa´ir a echarles de comer a los del concurso *En la tienda y sin comprar*. Esa tienda de campaña que hemos montado en el rastrojo del Faustino, y en la que se han metido ocho concursantes. Como sabéis, la tienda de campaña es una canadiense pa´cuatro personas. Así que ahí radica el éxito del concurso, el primero que saque la cabeza pa´respirar pierde.

No hemos podido instalar cámaras dentro porque no caben y porque no tenemos, pero sabemos de la afluencia de público que acude al rastrojo pa´escucharlos. Es tremendo el corro que se hace en torno a ellos, más que nada por lo que se les escucha decir:

—Que sí, quita el codo de la tripa.

—Échate, pa´allá, y quita eso de ahí, guarro.

—¡Hombre! ah´hí, ahí es el «G».

—No me pises que llevo chanclas.

—No, no es el aliento lo que te huele, Fermín.

—Matilde, tienes que afeitarte las piernas.

—No soy Matilde.

En fin, que se lo están pasando..., pasando un pelín.

Lo dicho, no olvidéis bajar a echarles de comer. No sea que se coman los unos a los otros.

Sucesos

Queremos informarles de que ha habido un accidente gordo en la comarcal 7.700, con el resultado de un «casi muerto» y digo «casi muerto» porque el camión le entró por donde no iba nadie sentado, que se mete por el otro sitio y lo destroza. Como no tenemos imágenes, lo explico yo cómo ha sido y en paz. Éste venía bien, venía al pueblo pa´ver a su cuñada y resulta que éste se ha saltado un stop, y eso no se puede hacer, ¿entonces, qué ha pasado? Pues que se lo ha cargado. Tenemos que respetarnos, respetando las señales.

Deportes

En cuanto a la información deportiva, hacer hincapié, y digo hinca-pie sabiendo lo que digo, a éstos hay que hincarles el pie, que se pasan el partido dando patadas, y la gente que deje de provocar:

—Que mueva el banquillo, que mueva el banquillo.

El Míster ha cogido el banquillo y lo ha plantado en mitad del área y han suspendido el partido antes del descanso.

Nuestro portero es José, que, siendo carpintero, el nombre le va que ni pintado, y el no parar el penalti no fue culpa suya. ¡Hombre!, que se lo tiraron a mala leche, por el lado donde lleva el dedo vendado que se pilló en la «Tupi». Reparto de puntos. Tres pa´ellos y otros tres pa'l portero en el dedo que le pilló la Tupi.

El tiempo (sobre una pizarra en la que está dibujado el pueblo)

Antes de terminar daremos la información del tiempo.

Esto del tiempo es mu delicado, yo una vez estuve en Bilbao, iba paseando por la calle, llovía y no me mojé. No, como caía el txirimiri y yo no entiendo vasco, pues no me mojé. O sea, que aquí, en lugar de poner chubascos pondremos chumaños, porque caen chuzos de punta.

Fijaos bien en el río, que como sabéis los del pueblo de al lado se lo quieren llevar, así que aquí pondremos los rayos, por si meten la mano, que ni tocar, o sea que ellos tienen el manantial, embotellan el agua y nos la venden a nosotros, y ahora además se nos quieren llevar el río. Ja, ja, mira cómo me río.

En el campo del Ezequiel vamos a poner un sol, porque me ha rogado que mañana le ponga buen tiempo.

Como con el Jacinto no me llevo bien, le pondré nublao. Y a los vecinos mucha agua, a ver si llenan el manantial y nos dejan el río.

Nada más, éste será el tiempo que hará mañana todo el día, si por una de aquéllas no pudiéramos hacer el programa, el tiempo quedaría así hasta pasado o el otro, hasta que haya programa.

Y comieron perdices

Ya verás: hemos venido toda la familia a la boda de una sobrina que se ha casado hoy y de blanco, vamos, de blanco porque es enfermera; porque ha tenido más novios que pacientes.

Su padre le decía:

—No me presentes más novios hasta que no te cases; que voy por la calle y saludo a medio barrio.

Bueno, pues ya se han casado, esta mañana, y después de la boda me han llevado al Parque de Atracciones. ¡Y me han montado en todo! Que si estoy vivo después de ésta ya me puedo marchar al espacio con el Pedro Duque.

Al principio, bien, me monté en los caballitos; recordando los tiempos de mi infancia. Después en un tren del Oeste, tranquilo, bien. Hasta ahí, todo bien. Luego me montaron en una cosa que sube, sube, sube y sube, hasta que te suelta de sopetón. ¡Qué bajada! Llegas tú abajo mucho antes que tu estómago. ¡Anda que, con lo que le había metido en la boda, llega a salir de sopetón y la que se forma allí!

Bueno, pues aprovechando que estaba medio muerto me subieron al «lumpin» ése, una cosa que hace «así», y da la vuelta. ¡Vamos!, llegan a hacer la repetición de la jugada, como en el fútbol, y palmo allí mismo.

Luego al Siete Picos.

—Anda, dale gusto a los niños, que no subes nunca con ellos a nada —decía mi mujer.

Yo era la descojonación del parque, todo el mundo estaba pendiente de mí. A ver cuándo echa éste la comida, debía de pensar la gente.

En el barco pirata estuve a punto. Ahora, que la eché antes de comerlo, ya verás: pedí un perrito caliente, y, cómo estaría de nervioso, que lo apreté de tal manera que salió volando. Le pegué un perrazo a una señora que había al lado. ¡Qué perrazo! Toda la mostaza y el tomate por la cara. ¡Qué desastre! Menos mal que no comí, porque después me llevaron rápidamente a Los Rápidos y ¡me puse de agua! ¡Mira el traje! Que si llego a probar bocado, se me corta la digestión allí mismo.

A todo esto, con este ojo no veo ni torta, porque me puse a tirar en una caseta, las latas esas que se tiran con tres pelotas, y hay que darles por detrás, que ya está estudiado eso para que no se caigan ni a cañonazos. Pues eso, que tiré una con tanta fuerza, que la pelota pegó en la repisa, rebotó hacia afuera y me fue a dar en el ojo.

—¿Y por esto no me dan nada? —le dije al tío.

Y me dijo «sí» y me echó unas gotas al ojo. Así que estoy ¡matao!

Es que a mí las bodas me cansan mucho. Yo no sé a ustedes, pero a mí eso de tener que ir a la tienda que dicen ellos pa'comprarles lo que se ponen en la listica, no me gusta un pelo.

Yo les compro lo que quiero. A éstos les he traído una perdiz, hay que ser originales, ¿no dicen «que sean felices y que coman perdices»? Pues aquí está, lo que pasa es que me ha dado pena y no se la he dado por si se la comen.

Aunque no creo que se la coman porque la veo muy despierta, vamos, que se fija mucho en todo, así que cuando vuelva al pueblo la soltaré para que les cuente a las demás cómo es la ciudad. Porque ellas sólo ven a los ciudadanos cuando van a pegarles tiros. Pues para que sepan más cosas.

Yo no tengo nada contra la caza, ni mucho menos, lo que pasa es que con tantos perdigones, con tanto plomo, tanto tiro y tanto cartucho, hay veces que te comes una lechuga y te empastas las muelas, con el plomo de los perdigones.

La caza acabará siendo como la de la liebre, con galgos.

Mira tú, la semana pasada fueron mi cuñado y un hermano mío a cazar patos a la estanca, y mi hermano no cogió ninguno, sin embargo mi cuñado cogió seis. Y decía mi hermano:

—¡Hombre, porque él tira el perro más alto que yo!

De todas las maneras, la boda más sonada que he visto yo fue la del hijo del Edelmiro. Al día siguiente de la boda le dice:

—¡Padre, que me divorcio!

—¿Pero cómo te vas a divorciar si te casaste anoche?

—¡Que me divorcio!... Y si digo que me divorcio, me divorcio y se ha acabado.

—Ya lo sé yo, hijo, ya lo sé yo. ¿Y se puede saber por qué te vas a divorciar?

—Porque es virgen.

Y dice el padre:

—Pues muy bien hecho, hijo mío, lo que no han querido los demás pa'ti tampoco.

Pues lo dicho, que sean felices y que no nos maten las perdices.

Los refranes

¡Todo el día sin salir del metro me he tirado! Que no he visto el sol, más que cuando pasaba el metro por esa estación. Y luego, que eso ha sido lo peor, no he podido ni hablar, porque cada vez que iba a decir algo ponía «Callao»... y yo sin decir ni pío, hala, pa'otra parte. ¡Y anda que no hemos estado en partes! El metro de Madrid se recorre medio mundo bajo tierra.

Hemos pasado por el Estrecho y hemos llegado hasta Tetúan. Hemos estado en las Pirámides, también hemos pasado por Sevilla y por Bilbao; y cuando estábamos en Oporto ya no podía más, y en lugar de decir: «Socorro, que quiero bajarme», se ve que he dicho: «¡Que me meo!...» Y me han bajado en el Batán. ¡Fíjate tú! El Batán, donde desencajonan y guardan a los toros que se lidian en los San Isidros, y como me han empujao de la manera que me han empujao, pues que casi me echan a los corrales.

¡Madre mía, qué toros! Esos toros son los padres de los que vienen a mi pueblo. Pero, ojo, que la plaza de toros de mi pueblo dicen que es la más grande del mundo, porque venga a torear quien venga, no hay forma de llenarla.

El año pasado para fiestas tuvimos una corrida que para qué; como los toreros no cortaron ninguna oreja, me dice el presidente (como soy el alcalde, el hombre me lo dijo como la máxima autoridad del pueblo que soy):

—Pues hoy no se abre la puerta, porque éstos no han cortado ninguna oreja.

—Pues si no se abre la puerta, todos aquí sin salir hasta la corrida de mañana. Verás cómo mañana les dan las orejas nada más llegar los toros —le contesté yo.

A mí me parece que o me toman el pelo, o no tengo idea de los toros. El otro día se pone uno a banderillear al toro, y dice uno de esos entendidos que siempre hay:

—¡Pues no se ha asomado al balcón!

Que lo que le dije yo con mucha educación:

—Oiga usted, que a lo mejor no se ha asomado al balcón porque vive en un bajo.

Además, yo no veo bien que el toro se acerque a la puerta y el otro aproveche desde el balcón para colocárselas a traición.

Pues anda que el torero que vino el año pasado; yo, como digo, no entiendo mucho, pero anda que el torero, que para humillar al toro le insultaba:

—¡Desgraciado, cornudo, cabestro...!

Ahora, se le estuvo bien, que el toro lo desarmó un montón de veces, lo menos cinco le quitó la muleta. ¡Vamos!, para terminar la faena le tuvo que pedir la muleta a un cojo que había en el tendido.

Y aquí estoy. He venido a Madrid al Consejo de Ministros para proponerles que cambien el refranero español porque o se actualiza, o no va a haber forma de sacar pa' lante una cosecha.

Porque sabido es ese que dice: «En abril, aguas mil.» Y en abril, no hemos tenido más agua que la mineral embotellada. Ahora, en mayo, al campo hemos ido con el flotador puesto, bueno, y a primeros de junio nos apedregó.

Otro refrán que hay que arreglar es ese que dice: «Al mal tiempo buena cara.» ¿Eso qué quiere decir? ¿Que encima de que llueve hay que ir por la calle con la cara de imbécil diciendo: «¡Ay, qué contento estoy!» por hacerle caso al refrán? ¿O qué?

Y éste, «En la luna de abril tardía, ningún labrador se fía». Y ahora que digo lo de la luna, ¿esto del tiempo no será por los «tronautas» que andan por ahí arriba tocándonos los satélites y los planetarios?

Otra cosa, los santos. Tenemos a todos los santos liados con la agricultura.

«Por San Simón, siembra, varón.»

«Por San Urbano, el trigo ha hecho el grano.»

«Por Santiago, el nabo ha de estar sembrado.»

Pero, claro, como han cambiado el calendario de festivos y en unos sitios se celebra San Antón y en otros la Purísima Concepción, tampoco te puedes agarrar al santoral.

Pero no sólo los refranes con relación al tiempo se deben arreglar, es que hay cada uno... Uno dice: «Al que madruga Dios le ayuda», pero hay otro que dice: «No por mucho madrugar amanece más temprano.» ¿Qué hago?, ¿me levanto o sigo acostado?

Y este otro que dice: «Unos chupan de la teta, y a otros nos hacen la puñeta.» Oigan, que hagan el favor de dejar la teta para todos, que todos somos mamíferos.

«Más vale buen amigo que mal marido.» Claro, luego va la mujer con otro por la calle, y encima no le puedes preguntar «¿quién es?», porque encima te salta:

—Es mi buen amigo, mal marido.

Que eso es lo peor de los divorcios, que con la manutención que le pasas a la mujer quien mejor vive es el amigo de ella, que no da golpe.

¿Y éste?: «Quien mucho te alaba te la clava.» Pues a eso tampoco hay derecho. ¡Claro!, como tú estás pendiente de lo que te dice, te distraes y, ¡zas!, te la clava.

«Un clavo saca a otro clavo, si no tiene vuelto el rabo.» Y mi pregunta es: ¿Cómo sé yo cómo tiene el rabo, si lo tiene dentro?

Ahora, al que le deberían poner pronto remedio es a ese que dice: «A culo escocido bragas de esparto.» Oiga usted, encima de que lleva el culo como lo lleva le ponen bragas de esparto. Pónganselas ustedes a ver qué les parece.

Las mozas también los tienen bien buenos, porque éste: «La chica que quiere a dos no es tonta, sino entendía; pues cuando una vela se apague le queda otra encendida.» ¡Toma! Chúpate cualquiera de las dos.

Es como este que dice: «Más vale pepinillo juguetón que berenjena fofa.» De éste por lo que me toca también soy partidario.

Como este que dice: «Haz bien y no mires a quién.» ¿Eso qué quiere decir?, ¿que tengo que ir por la calle con los ojos cerrados con 30 euros en la mano diciendo: «tome, y perdone si no le miro pero es que dice el refrán que no lo haga»?

Y en el que tengo verdadero interés es en éste: «Más enseña la necesidad que diez años de universidad.» Éste me lo tienen que aclarar. ¿Qué hago? ¿Mando el chico a la escuela? ¿O lo que me cuesta se lo ingreso en una cartilla y cuando sea mayor, entre lo que se m'aspabilao y las perras que tengo ahorradas, al zagal tengo colocao?

Nos vamos de viaje

Nueva York

América es un flipe. Acabo de venir de allí y es un flipe, un flipe en colores, sí señor. Con una hamburguesa que te comas ya flipas.

¡Y los americanos son de libres! Claro, como aquello es tan grande, pues puedes ir donde quieras: Texas, Tucson, California, Cincinnati...

Yendo a Cincinnati, precisamente, me ocurrió lo siguiente. Como voy muy justito con el inglés —la verdad es que voy justito con más idiomas, pero con el inglés es como de recochineo—, me había llevado apuntado en un papel lo que tenía que decir al de los billetes: «*Jelou, gud mornin, guan tiquet tu chinchinati.*» Aunque lo dije bien despacio, va el tío y me dice:

—*Jant the bas.*

—A Chinchinati, majo, que te lo acabo de decir.

Pero, eso sí, es un país muy libre. Iglesias hay... más de cien, de todas las clases: la católica, la anglicana, la protestante... A una de éstas se metió mi cuñado, que siempre protesta por todo, y a una budista entré yo y ¡me encontré al Richard Gere! Le metí dos besos en la boca y le dije: «¡Toma!, de parte de mi *guaiff.*» Es que mi mujer es muy aficionada al Gere y al de la Ford. Sí hombre, a

Harrison. Oye, a mí me parece muy bien, yo soy aficionado a la Harley, que es la única que se deja montar de entrada.

En Nueva York la gente está negra por culpa del racismo. Allí hay unos cuantos racistas, pero muchos que no lo son, como Robert de Niro, el Robertito, que se le llamaría si fuera español. Ése la tiene tomada con las negras, y negra que le mira, negra que se casa con él... ¡Está negro!

También hay generales en América. El más famoso es un cabo, el cabo Cañaveral, que debe de tener ascendencia latina, porque todo lo sube mucho para que luego se estrelle.

Lo peor de Nueva York es el olor. Huele un poquito mal, pero enseguida te das cuenta de que es por la estatua de la Libertad; como lleva un montón de años en la misma postura, quiera que no acaba por rugirle el alerón.

¿Y qué decir de los rascacielos? Cuando el cielo tiene picores, va a Nueva York y se rasca. Pero en verdad yo creo que los que se pican son los arquitectos, y empiezan: «A ver quién lo sube más y más y más, pero mucho más.» Y ahí está el Empire State o Estáte Quieto, porque si te asomas vuelas más que el Batman. Y muchos otros edificios altísimos en los que vive la gente; vamos, que si sales de casa, llegas a la puerta y te das cuenta de que se te han olvidado las llaves, por no subir otra vez te largas a dormir a un hotel.

Y hoteles hay de todos los tipos. Estuvimos en uno en el que, antes de entrar, nos pidieron la tarjeta de crédito; o sea, que te cobran sin haber gastado. Digo yo que a lo mejor es por si tienes prisa y te vas corriendo, pues mira, ya está pagado; o por si te roban, pues que se joroben los ladrones, que no se quedan con lo del hotel.

En el hotel dijimos que éramos españoles, de España, y se creían que era una *boutique*. Venía con nosotros un catalán al que le había tocado el viaje en un concurso, y ése sí, ése dijo que era catalán y todos sabían de dónde era. Yo le comenté: «¡Macho, hay que ver cómo se os mueve el Pujo, es que no para...»

En América, hasta los taxis son más libres. Hay miles de taxis libres, no como aquí el día que llueve, que no hay forma de coger uno. Sales a la calle, gritas «taxi» y ¡zas!, el taxi en la puerta. Es el país con la renta per-taxista más grande del mundo. De cada dos americanos, uno es taxista y está esperando que el otro salga de casa para «pillarlo».

Pero eso ya lo habrán visto ustedes en las películas. Sale un tío a la calle y, aunque sea el malo, tiene un taxi allí mismo. Y claro, el bueno lo tiene que perseguir en helicóptero. ¡Hay más helicópteros que nubes en Nueva York!

Otra cosa que se ve en las películas es lo rápido que se liga en Nueva York. ¡Claro!, como ligan en dos idiomas... Dice el hombre, por ejemplo:

—¿Me quieres?

Y le contesta ella:

—Uhhhh.

Y él:

—En tu calle estoy sin saber por qué,
sin pensar en el camino, llego hasta tu balcón,
es el corazón quien me trae aquí,
es aquí donde vive mi amor.

Todo esto lo canta en inglés, lo que pasa es que yo lo traduzco, ¡que si no de qué!

Los americanos nos ganan a la hora de coger a los malos, y anda que no los hay. Los cogen muy rápido, que yo lo he visto en la tele: en una hora cogen al malo y pasan un cuarto de hora de anuncios.

—¡Quedas detenido!

—Tengo mis derechos.

—A mí como si te la repampinflas.

Y lo detienen allí mismo.

Nosotros, los españoles, les importamos, lo que se dice importar, un pito a los americanos. Ahora, exportarles, les exportamos alcaparras por valor de 1.000 millones de pesetas, y por ahí es por donde los tenemos bien agarraos. Es que utilizan las alcaparras para ponerlas en los cohetes: «Toma *jaus*!», que quiere decir «¡Toma casa!», porque la rompe.

Bueno, pues los americanos colocan las alcaparras nuestras en la cabeza nuclear de los «Toma *Jaus*», por eso cuando lanzan el cohete, al-que-aparra lo jode. Y están muy suaves con nosotros por eso: porque no quieren que les cortemos el suministro.

Semana Santa en China

Li jao, Li jo... ¡Qué Semana Santa he pasado! Vengo de la China… y la China es, cómo les diría yo... es como Ávila, pero a lo bestia. ¡Qué muralla! 6.000 kilómetros.

La primera ciudad que visitamos fue, fue... sí hombre, ésta, ¿cómo se llama? La que tiene nombre de santo, bueno, de santo mariquita… Ya lo tengo: San-Gay.

Llegamos al hotel, que en lugar de estrellas tenía chinos... ¡Qué de chinos hay en China! Unos 1.500 millones o 1.600, qué más da, 100 millones arriba o abajo… si se ponen los hacen en una noche.

Allí me di cuenta de cómo marcan las cosas que uno vive de pequeño. Al ver tanto chino junto me salieron los ancestros y sentí un impulso irrefrenable de buscarles la ranura en la cabeza y meterles una moneda. ¿Se acuerdan de la hucha del Domund que teníamos en las escuelas?

Dicen que los chinos son todos iguales. De frente no les digo que no exista alguna diferencia, pero de perfil son todos iguales, porque no tienen perfil. Ahora me explico por qué perdieron la guerra de Vietnam los americanos: porque mataban siempre al mismo.

Eso debe ser efecto de la medicina tradicional china,

que los deja a todos iguales, bajitos, amarillos y con los ojos rasgados. Igual es que no les sienta bien su propia medicina.

Es como lo del asunto del tráfico. En China no circulan por la derecha, sino por donde pueden; o sea, por todas partes. Allí no te atropella una bicicleta, te atropellan ochenta. Como van todos juntos, a ver quién es el guapo que se escapa. Y eso que los semáforos se ven muy bien, como todo es amarillo, no veas lo que resaltan.

Su moneda parece catalana, del Ampurdán, se llama *Joan*: 5 Joanes, 10 Joanes...

Por lo demás, los chinos son buena gente. No dejan de trabajar para nosotros, nos lo fabrican todo. A cualquier cosa que compro le doy la vuelta y siempre pone lo mismo: *made in China*.

¡Y además son de tenaces! Uno se llevó un paraguas del hotel y lo perdió; pues estuvo un chino tres días tras él pidiéndoselo. ¡Incluso dormía en la puerta de la habitación! Salía por la mañana y allí estaba el chino; subíamos al autobús para ir a ver el Templo del Cielo, y el chino con nosotros... Hasta que no le pagó el paraguas no perdimos de vista al chino.

Y es que son tantos que, si se tiran un pedo a la vez, se cargan la capa del ozono.

Mientras estuve allí traté de no decir en voz alta eso de «1, 2 y 3», porque a la de tres podían saltar todos a la vez y desplazar a la Tierra de su órbita. Pero eso sí: si nos enteramos de que un meteorito va a impactar con nuestro planeta, podemos avisar a los chinos para que salten y entonces seguro que no nos da.

Además es un pueblo muy ahorrador: escriben en papel de arroz y lo que les sobra lo echan a la paella. Porque comer comen de todo, y a veces hasta con suerte; te estás por ejemplo comiendo una manzana, pegas un mordisco y te aparece un gusano. Pero no pasa nada, porque como allí los gusanos son de seda, igual va y te hace una corbata.

Un día comimos en un restaurante pato maqueado; sí, ya sé que es pato laqueado, pero el que nos pusieron era tan elegante, que más que un pato parecía un cisne. Otro día comimos pato a la naranja... Se ve que les da por los patos y están los pobres animales que no hacen más que meter la pata. ¡Claro!, para que no falten patos.

Es como la sopa de nido de golondrina, que están las pobres golondrinas que cada vez que ven acercarse a un chino dicen lo mismo: «Ya están aquí estos que se nos vienen a comer la casa.»

Por cierto, creo que los chinos van tan despacio porque toman mucha sopa de tortuga... Claro, que también comen perro y no ladran. De lo que sí estoy seguro es de que comen con palillos para ir más despacio, porque les das cuchara y tenedor y no da tiempo a guisar para ellos.

A mí lo que más me fastidia de esta gente es que sólo puedan tener un niño, porque me imagino una infancia muy aburrida sin usar el tirachinas.

Lo bueno que tiene la China es que si te pilla un policía con una «china» no te dice nada, y además es un paraíso para comprar. Puedes encontrar lo que quieras y al precio que quieras. Compras una cosa y, dos tiendas más allá, te la encuentras a mitad de precio; así que yo siempre compraba dos tiendas más allá. Lo que ocurre es que en una ciudad de 16 millones y medio nunca se sabe dónde queda.

Una vez en el autobús, el guía comentó que nos dirigíamos a ver un templo de lamas, y una señora dijo que para qué perder el tiempo viendo una cama por dentro si ella lo que quería era ver una fábrica de corbatas de seda. Fue la misma mujer que, al oír al guía decir «Hao Sao Pin», entendió *shopping* y dijo: «Eso, vámonos de compras.»

Hablando de compras, las imitaciones que hacen en China son perfectas. Yo me compré un reloj de imitación al mío que funciona mejor. Pero para comprar hay que regatear. Si me llegan a ver los del Real Madrid, seguro que me fichan. ¡Qué regates, qué *dribblings*! Cuando fuimos a ver el Templo del Buda de Jade Blanco, una señora se puso a regatear con los monjes para comprarlo, ¡no les digo más!

Es que son tan simpáticos... Me ponía esta gorra y pedía una cerveza Mao, y no me la cobraban; y si pedía una Mao Cinco Estrellas, que son las que ellos tienen en la bandera, me ponían la cerveza con una tapa de arroz.

Volviendo a lo de la comida, los chinos dicen que se come todo lo que vuela, menos los aviones, y todo lo que tenga cuatro patas. Y yo le pregunté a uno: «¿Y esta serpiente, qué pasa, que la han pillado al vuelo?»

Por cierto, ¿se han fijado en la cantidad de controles que nos hacen pasar antes de subir a un avión? Y es que siempre te pita algo. Lo que resulta evidente es que esos controles no los pasa la comida que sirven a bordo.

Desde luego, esto de viajar da un nivel, un conocimiento...

Yendo para allí hicimos escala en el Mar Muerto, y no vean cómo olía... ¡Claro, como lleva tantos años muerto! De regreso paramos en la India y estuvimos viendo la casa de un tal Mahal... ¡Lo que debe pagar el buen hombre de comunidad! Y por último, de postre, paramos en Macedonia.

Ahora me voy a retirar las 16 maletas, sí, sí, como suena, 16 maletas. Cómo será que la sobrecargo nos felicitó al subir al avión: pagamos más de exceso de equipaje que de billete.

Y es que me traigo medio ejército de terracota; como van armados, no vean lo que pesan.

En China me pasé todo el tiempo diciendo lo mismo a todo el mundo, como no me entendían: «Chao, Chochín.» Pero un día se lo dije a una que pasó junto a mí y va y me contesta, en perfecto castellano: «No, yo no me voy, soy la guía. ¿Me recuerda?»

El esquimal

Mi mujer es un poco ardiente. Bueno, es ardiente, bastante ardiente. ¡Qué digo ardiente! ¡Es fogosa! Para qué vamos a ir con rodeos, muy fogosa; con decirles que últimamente me planchaba las camisas con la palma de la mano. No les digo más.

Estaba el otro día metida en ambiente:

—Venga, Mariano, que te toca. ¡Venga, Mariano, que no haga el año!

Y yo salté:

—¿Qué año ni que ocho cuartos? ¿Y lo de anoche? ¿Y lo de esta mañana? ¿No te acuerdas de lo de esta mañana? ¡Que yo no puedo más! ¡Que me voy pisando la ojera!

Porque me da vergüenza, que si no iría a una farmacia y pediría Viagra. Pero como soy un vergonzoso, pues no voy. Imagínate tú, si hay farmacias que se niegan a vender preservativos, que son unas gomitas de nada, ¿cómo van a querer vender algo que dicen que ya ha matado a unos cuantos?

Total, que yo creo que me pasé y le dije que si estaba caliente, que se enfriara, que se metiera en la nevera. Y ella me contestó:

—A la nevera, no, a Alaska. Me voy a Alaska.

Y se fue con lo puesto: una bata acolchada, un delantal y unas zapatillas.

Y de allí vengo, de Alaska. Anda que no está lejos. Pasado Pañaflor, a la derecha.

Y luego llegas allí, y no hay nada, no te encuentras a nadie, es como un aparcamiento de esos modernos, una maquinita que te lo hace todo y echan al personal. Eso tampoco lo veo bien. Que ponen «*parking* vigilado», y si lo observas bien, vigilar, vigila una cámara que no se sabe si está o no conectada.

El que había para cobrarte en la cabina lo han quitado, la cabina la han tirado y, en su lugar, han puesto tres maquinitas de ésas, con una mala leche que no es normal.

Le metes el ticket, y te dice lo que tienes que pagar: tres euros. Le metes un billete de diez y te lo devuelve, otras dos mil veces. Porque está doblado, porque no lo metes bien, cosa que te acompleja un poco. A todo esto, si es la salida del cine, el que va detrás de ti, te mira que te clava los ojos en la nuca. Le preguntas que si tiene cambio, y te dice que sí, peor para él. Para entonces ya hace un buen rato que te estás meando y no puedes ir porque no sabes dónde está, y porque no hay nadie que te lo diga. Además está tu ticket dentro y no tienes suelto.

El billete te lo cambian, tras anular la operación y llegarte hasta el bar de la esquina, que por cierto están cerrando.

Cuando vuelves y por fin logras tu ticket de salida, cuando te diriges a recoger el coche ves el servicio, entras, sales, montas en el coche y cuando introduces el ticket para que se abra la barrera, te pita y no se abre porque en el servicio has estado más de diez minutos y ya no vale, así que tienes que pagar una hora más.

A todo esto, no puedes protestar porque no hay nadie, y la máquina aguanta patadas de todo tipo.

Pero a lo que vamos, ¡que no encontré a mi mujer! Y eso se ve enseguida, porque como allí no hay casi nadie.

En Alaska lo primero que me llamó la atención es que todos los gatos llevan el rabo cortado, y es para cerrar antes la puerta y que sólo entre el gato y se quede fuera el frío.

¡Porque frío hace...! ¡Y es de aburrido...!

Allí, no se puede jugar ni a la petanca. Porque tiras la bola y te va pa´abajo.

¡Es aburrido! No hay ni pájaros, ¡claro! Cómo va a haber pájaros, si no hay ni árboles ni cables de la luz para que se posen.

Además, se les quedarían los huevos duros.

Allí, los perros no tienen pedigrí, tienen trineo.

Y los nativos, los esquimales, no tienen tierra, tienen hielos. Por lo tanto, no pueden sembrar nada, bueno, sí, los osos polares son los que siembran el pánico.

Allí beben Licor del Polo, por eso tienen los dientes tan blancos. Y por la noche no se ve nada, porque en lugar de focos, tienen focas.

Hombre, también tienen cosas buenas: Allí sólo hace falta que te lleves el güisqui, porque hielo tienen todo el que quieras, mira si hay hielo, que en vez de punzón, utilizan, un barco rompehielos.

Allí no tienen hipotecas, se hace un iglú y en paz; en lugar de hipotecas tienen osas polares, que te comen igual que una hipoteca. Por el interés.

¿Y ahorrativos son? Ahorran en un montón de cosas, en el frigorífico, por ejemplo, en el aire acondicionado, televisión, que tampoco tienen, ¿para qué? ¿Para verla con la imagen congelada?

Jubilación tampoco tienen, porque como tienen los salarios congelados.

¡Ahora! ¿Son felices? A 25º bajo cero dicen:

¡Qué buen tiempo hace!

¡Claro!, como están acostumbrados a estar a 50º, 60º bajo cero, cuando están a 25°, ¡fíjate, las criaturas!

Luego, son muy detallistas, porque allí no hay café con leche para evitar los cortados.

Y son muy besucones, se dan besos en la nariz, para descongelársela. Se les queda helada, con los moquitos pegados como estalactitas.

El problema más gordo es levantarse al amanecer. Como son seis meses de día y otros seis meses de noche, anda, adivina.

Lo mejor que tienen los esquimales es que se levantan por la mañana y le pueden decir a su mujer «foca». Y, si ella se da por aludida le dicen:

—Que me voy a coger foca. Foca, yo cazar foca.

La comida es regular, el pescado, por ejemplo, es todo congelado.

Y lo peor que te puede pasar es que te apliquen sus leyes. Allí, el que se pasa, lo llevan a la orca y la orca se lo come. ¡Menudas son las ballenas ésas!

De todas formas, lo peor de todo ha sido regresar. ¡Que no encontraba el camino! ¡Como allí no hay brújulas! Porque como ya saben donde están, que están en el Norte. ¿Para qué quieren la brújula?

Y traerles, no he traído nada, bueno, sí. Lo más barato que hay es el frío, está por todas partes, y los termómetros, que están por los suelos. Así que he traído un anticiclón.

Con las maletas en Londres

A la hora de viajar deberíamos ser como los animales, como los perros, o como las tortugas, que no necesitan equipaje. ¡Hala!, se van y se han ido, nada de camisetas, calzoncillos, bolsa de aseo, zapatillas, chándal, etc. ¡Con lo que eso abulta! Sobre todo el etc. ése.

El primer inconveniente que te encuentras cuando viajas con maletas, son las maletas. El taxista ya te cobra un suplemento por llevarlas, y si a esto le añades el extrarradio y, si es festivo, el suplemento, la carrera te cuesta como el puente aéreo.

Cuando bajas del avión te están esperando unos señores con unos carritos para llevarte las maletas, y, como vean que las tuyas llevan ruedas, es el primer enemigo que te encuentras en el viaje. Y todo ¿por qué? Por las maletas.

La Semana Santa pasada estuvimos en Londres. Como ustedes saben Londres es una ciudad que han construido los ingleses a modo de academia de la lengua para que nosotros vayamos a aprender su idioma, que es donde menos se habla, por cierto, la mitad de España está allí aprendiendo el idioma

Lo primero que te cambian cuando llegas a Londres es la hora, la moneda y la mano, allí te lo hacen todo con esta mano, con la izquierda. Vas a cruzar una calle, miras para la izquierda, y cuando te vuelves tienes un autobús de dos pisos parado justo en tus narices.

Bueno, y otra cosa que te cambian es la comida, así que cuando vienen los ingleses aquí y se comen una paella, no hay forma de echarlos del país. ¡Se quieren quedar aquí para siempre!

Y ésta podría ser la pregunta del millón de dólares: ¿qué comían los ingleses hasta que llegaron los restaurantes chinos, libaneses, franceses, indios, los *fast food*, los burguer y demás? Porque la comida es, ¿cómo les diría yo? ¿He dicho cómo?, bueno, pues no como. La comida inglesa es, les diría yo, sin el como.

En los restaurantes no suelen ser amables, tampoco les hace falta; están en una isla, en su isla, y si no te gusta no haber ido.

¿Y los hoteles? Los hoteles ingleses no tienen estrellas, tienen camas, que ya es bastante, en la que yo dormí, debió de dormir media Europa. Toda la noche pendiente de no caerme de la cama pero hacia dentro, estaba hundida en el centro.

El primer día no salí del hotel. Me levanté cansado del viaje, bajé a desayunar y como ponen esos desayunos tan enormes que ellos llaman *breakfast* y llevan de todo, té, café, pastelitos, pasteles, salchichas, huevos, bacon, patatas, mantequilla, mermelada y macedonia, terminé de desayunar y me dije: pues nada, que ya he comido, y me eché la siesta.

Ahora, eso sí, también tienen cosas buenas los ingleses, son de conservadores... Se traen una momia de Egipto, la ponen allí, y para siempre. Como si fuera de ellos.

Lo conservan todo, mira la Reina Madre, más de cien años y ahí está, ¡como nueva!

En el British Museum hay muertos de 3.000 años antes de Cristo, claro que en las tumbas no hay ni una flor ni media. Pero a ver quién se las va a llevar si están allí desde hace tantos años. ¿Quién se va a acordar de ellos?

Como digo, tienen cosas buenas, por ejemplo, los ingleses hablan bajito, que eso es una dificultad añadida al desconocimiento de la lengua. No es que no les entienda, ¡es que no les oigo!

Pero yo creo que hablan bajito sobre todo cuando llaman al perro, porque allí dices: «¡Boby, Boby!» y, en lugar del perro te acuden cuatro policías de inmediato.

También hay quien dice que en Londres llueve mucho, eso no es cierto, lo que sucede es que riegan el césped desde arriba y muy a menudo. Y que hay mucha niebla, no señor, es el vaho del té, porque se pasan el día haciendo tes.

Otros se quejan de que Inglaterra es un país de paganos, pero cómo van a pagar, con lo caro que está todo.

Por fumar te sancionan con un penalti, o sea que te multan con 10 libras, que yo creo que te sancionan ya cuando compras el paquete de tabaco, porque ¡menudo precio tiene!

Son los que más se divorcian de toda la CEE. Se casan los sábados y se divorcian los lunes, a veces de la misma semana. No hay separación de bienes, ¡claro!, como casi no los juntan.

Eso sí, se creen el ombligo del mundo. En cuanto salen de su país y se encuentran con alguien que no habla como ellos y no circula como ellos, se piensan que huelen y les montan una colonia.

Y conste que el inglés no es difícil, con saber decir «scuismi», «yes», «sorry» y «then kiu» ya puedes ir por donde quieras.

Al pasar le pegas un codazo a un señor y le rompes cuatro costillas, pero si te vuelves y le dices «scuismi», no pasa nada.

Anualmente se celebra en Londres el campeonato de tiro con arco. Un señor puesto a cien metros con una manzana en la cabeza, se acerca un tirador, tensa su arco, lanza la flecha y ¡zas! En mitad de la manzana. Se va hacia el micrófono y dice: «I'am Guillermo Tell.» Y todo el mundo lo celebra con una gran ovación.

Se acerca el segundo concursante, y la misma operación: un hombre situado a cien metros con una manzana en la cabeza, tensa su arco y lanza la flecha partiendo la manzana en dos trozos. Se acerca el micrófono y dice: «*I'am Robin Hood.*» Y todo el mundo lo vitorea.

El tercer concursante repite la operación, tensa su arco y lanza su flecha, ésta va a parar al ojo derecho del hombre que sostiene la manzana. Se acerca al micrófono y dice: «*I'am sorry.*»

No, y si hablo así de los ingleses no es porque no me admitieran en la Royal Shakespeare Company. Nada, que no pasé la prueba. Y todo porque no sé hablar inglés.

A sí que *good nait*, *slip Wuel* y muchos *then kius beri mas*.

Pues eso.

Desde las autonomías

El cura siete pueblos

A la paz de Dios, hermanos, bueno, hermanos, sobrinos, primos, cuñados y todos.

En bicicleta me ando yo, el padre Txomin, pues, porque el coche que tengo, ya no tengo. Pues nada, que vinieron y se lo llevaron. Hurto que me hicieron. Y me gustaría saber quién fue, perdonado está, más que nada para saber cómo logró ponerlo en marcha; porque a mí, no se me ponía ni con la llave.

Para empezar, decirles por qué a los curas nos llaman curas. Porque curamos los pecados. Usted peca, yo vengo, escucho su pecadito y hala, curado. Hasta la próxima. Porque el pecado es una enfermedad que no tiene antibióticos ni supositorios que curen, sólo unas manos. Y todos curados.

Mi tío Paco dice que los curas deberíamos casarnos para ser padres de verdad, porque si no es como si a él le llamáramos «madre». Somos padres espirituales, como los políticos son padres de la patria.

Como quiera que cada día somos menos curas, a mí me corresponden siete pueblos, ¡siete! Y trabajar, trabajo, nada de treinta y cinco horas semanales, ésas me las pego yo en bicicleta de pueblo en pueblo. Pedaleo más que el Indurain, pero con una salvedad, que él cuando termina la etapa descansa, y yo no, ahí es cuando empiezo al trabajo.

Que si la misa de 12, y digo de 12; no por la hora, sino por los que me vienen. Porque son pueblos y aldeas muy pequeños.

Aún no has terminado una misa y ya te vienen a avisar de Arrizabaleta, que está en la quinta porra.

—Padre Txomin, que el *aitatxo* está palmando, vaya a bendecirle.

Y hala, súbete a la bici y al sprint hasta 40 kilómetros de subida. Bueno, de su vida y de la mía, que llego echando el bofe. Hala, bendices, confiesas, y... para Urbieta, a misa de 3, y los tres son hermanos y encima no se hablan, porque los tres andan enfadados por unas tierras. Y cuando en la misa digo «la paz del Señor sea con vosotros, daos fraternalmente la paz», se me van.

Están esperando que se muera uno para quedarse con las tierras del otro, unas tierras de la edad de piedra. Todo está lleno de rocas. Plantas allí una semilla y se muere de risa. Pero ellos empeñados en que el terreno es suyo.

Yendo de un pueblo al otro te suceden cosas, porque al no haber autopista, que tan sólo hay unos caminos que atraviesan el bosque, cuando llueve o nieva o hay niebla por allí no pasa ni Dios, perdón. Paso yo. Y te tropiezas con vacas, ovejas, perros asalvajados que te muerden en las pantorrillas, algún jabalí que otro. Que cuando llegas al pueblo, al que tienen que darle la extremaunción es a mí.

El otro día me acompañaba en bici Imanol, el del caserío. Y le digo:

—Imanol, ¿tus vacas fuman?

—No, padre, ¿por qué?

—Pues entonces se te está quemando el establo.

Ando a caballo entre Vizcaya y Guipúzcoa. Siempre andan con esa rivalidad, pero incluso en los bares de las aldeas. El otro día estaba en un bar de Urbieta, 70 habitantes, y al rato entran dos de Bilbao. Se quedan junto a mí en la barra, mirando a dos chicas del pueblo, y uno le dice al otro:

—Oye, Iñaki, ¿les decimos a éstas que somos de Bilbao?

Y le contesta Iñaki:

—No les digas nada, ¡que se jodan!

Un disparate, porque ya dijo el Señor: «Amaos los unos a los otros…» ¡Pero no en mitad de la calle!

Que anda la gente desbravada, ¡eh!

El otro día en el bus, en Bilbao, iba yo escuchando a una chica que, enfadada, recriminaba a un chico:

—Oye, ¿es necesario que te pongas tan pegado a mí, con ese bulto?

Y el chico le dijo:

—Ya sabrás perdonar, pero no es culpa mía, el autobús va lleno y yo acabo de cobrar el sueldo del mes en monedas.

—No seas impertinente —le dijo ella—, ¿o me quieres decir que entre Zabalburu y Deusto te han subido el sueldo?

El problema está cuando uno se enfrenta, cuando se pica. Los de Donosti, con los de Bilbao. Como ahora los de Bilbao tienen metro, los de Donosti les han sacado una adivinanza:

—¿En qué se parece el funicular de San Sebastián al metro de Bilbao?

—En que los dos enseñan lo mejor de la ciudad.

Y los de Bilbao, dicen:

—Que a ver cuánto cuesta el funicular ése para ponerlo en el museo «Gugehngeinn».

La semana pasada iba yo a Gorritio, con mi bicicleta, y delante de mí por un camino, cerca de Bilbao, un pollo con tres patas que me arrancó, oye, y corría que se las pelaba, y yo detrás de él a ver si le daba alcance, y nada, imposible, corría por ver si era cierto lo que veían mis ojos. Corro, corro, hasta que vi que se metió en una granja.

Me voy para el granjero y le pregunto:

—¿Pollos de tres patas tenéis?

—*Bai* —me dice—, pollos de Bilbao, padre, con tres muslos.

—¿Y qué tal saben, hijo?

—Pues no le puedo decir porque todavía no hemos podido pillar ninguno.

Pues calla y verás. El otro día me encuentro por la mañana a uno que iba a gatas por la calle, vaya cogorza que llevaba el mozo, y de mi parroquia; que ya conozco yo su afición por el vino.

—¿Qué andas ahí?, ¿se te ha perdido algo?

—No, padre cura, que no encuentro la casa.

—Pues por ahí no busques que no está.

Lo cogí y lo llevé a su casa, bueno, pues empeñado en que subiera a desayunar:

—Que no, que tengo misa de nueve y no llego.

—Porfa, padre, suba usted un momento, que quiero que vea mi mujer con quién he pasado toda la noche.

En la iglesia se encuentra uno con el humor en cualquier rincón. En confesión, por ejemplo. Me preguntaba a mí Begoña:

—Padre, ¿qué podría hacer para adelgazar?

—Hija, qué sé yo; tal vez no andar tanto.

—¿Andar tanto?

—Claro, hija, si es que hasta andando te comes los calcetines...

Porque esas dietas tan fuertes tampoco son buenas, los hay que no pasan a comulgar porque piensan que van a engordar con la hostia. Y eso no es así.

Donde mejor me lo paso es dando la catequesis, esa hora que paso con los más pequeños no la cambio por nada. ¡Las salidas que tienen! El otro día se metieron en la catequesis más de cincuenta niños y eso que sólo doy clase a veintidós. Pues resulta que una hora antes de dar la clase me puse a arreglar un banco que le faltaban dos clavos, así que estaba clavando los clavos, me vuelvo y los veo allí, todos pendientes de mí.

—¿Qué hacéis ahí? ¿Habéis venido todos hoy a aprender a clavar clavos o a la catequesis? ¿O es que queréis ver cómo se arregla un banco?

—No, padre, lo que queremos es saber qué es lo que dice usted cuando se da un martillazo en el dedo.

¡Tremendo! Son tremendos. Le digo a uno:

—Te doy un caramelo, si me dices dónde está Dios.

Y me contesta:

—Un paquete le doy yo, si me dice dónde no está.

Así todos.

—A ver, tú, ¿cuántos sacramentos hay?

Y me dice:

—Siete, padre.

—Muy bien, hijo, ¿y a ti cuántos te han dado?

—¿A mí? Tres: el bautismo, la confirmación y la vacuna vírica.

Y, a todo esto, salta un niña:

—Pues es mentira, no hay ningún sacramento, porque a mi abuela, el lunes pasado, le dieron los últimos.

También algunos mayores tienen salidas para todo. Tengo en la diócesis un empresario más escurridizo que una centolla.

—A ver, Orbegozo, a ver si contribuimos con un poco ayudando a la iglesia —le digo.

Y va y me suelta:

—¿Padre, cómo voy a contribuir con la iglesia yo, si soy protestante?

Que lo que le contesté:

—Tú protesta lo que quieras, que para eso eres protestante, pero recuerda, hijo, que tu dinero es católico.

Yo, hijos míos, me lo paso bien hasta leyendo la Biblia, porque hay de todo. Por ejemplo, te enteras de que Noé fue el primer torero de la historia. ¿Tú sabes lo que le costó meter al toro en el arca? Y lo que le dijo a la mujer:

—Qué pena no poder rematar la faena.

Son cosas que se aprenden leyendo la Biblia. Como lo de las bodas de Canán. ¿Qué pasó en aquellas bodas? ¡Pues que se acabó el vino! ¿Te parece poco? En mitad de la boda se acabó el vino, Jesucristo al ver el revuelo preguntó:

—¿Qué sucede?

—Que se terminó el vino, Señor.

—¿Qué hay en aquellas tinajas?

—Agua —le respondieron.

—Bien, pues servidla porque ya es vino.

—¡Qué buen vino! —exclamaba la gente—, qué boda más original, han guardado el mejor vino para el final.

Al día siguiente, san José trabajaba en la carpintería, y le dijo a la Virgen:

—María, dile al niño que me traiga un vaso de agua, pero que no haga de las suyas que no me apetece tomar vino ahora por la mañana.

Euskalerria mucho

Quiero hablarles a ustedes del museo Guggenheim de Bilbao. Es una auténtica maravilla su diseño, aunque parece una lata de anchoas. ¡Con decirles que el edificio es de titanio! ¡Fíjense! O sea que es muy ligero, de coger y llevártelo puesto, y el contenido, ¡genial!, aunque sorprende. Una galería muy grande para la serpiente de Serra, que puede ir por dentro y todo. A propósito de «ir», si quieren ir al servicio, vayan un poco antes de que el cuerpo se lo pida, en previsión de que te pierdas por los «laberintos» de acceso.

¡Es flipante! Una galería sin nada en las paredes y de repente ¡zas!, un tenedor en el suelo, lo vas a coger y te dicen:

—¡No!, no lo toque, que ahí es donde está el arte, en el tenedor.

En fin, en cualquier caso una maravilla de la que ya se ha sacado mucha punta. Hasta los aldeanos lo comentan:

—Oye, ¿ya sabes que el Guggenheim ése ha costado 20.000 millones?

—¡Joder! Pues la de goles que tiene que meter ése.

En la puerta del museo hay un gran perro, «el Popi», y

los que van de San Sebastián, o de Vitoria les dicen a los de Bilbao:

—¡Cómo sois los de Bilbao! ¡La órdiga! Lo tenéis todo grande. ¡Vaya perro más enorme!

Y contestan los de Bilbao:

—Oyes, y la caseta que le hemos hecho detrás.

Yo creo que han puesto un perro tan grande, para que le vayan muchas perras.

Bueno, la verdad es que ahora Bilbao aún es más grande, y no lo digo por el Guggenheim, lo digo por el metro que han puesto, que ya verás tú cómo les queda de metro y medio.

Bilbao a lo grande, porque ¿qué es un cocodrilo? Pues una lagartija de Bilbao. Como que ahora van a hacer el Mapa Mundi de Bilbao.

Vamos, que los de Bilbao, tan echaos pa'lante como siempre. Nosotros fuimos a misa en Zabalburu, en la quinta parroquia, y había que ver la homilía del sacerdote.

—¡Humildad! Tenemos que ser humildes. ¿Qué dice el Evangelio? ¡Humildad!... Y el ejemplo lo tenemos en Jesucristo, hijo de Dios todopoderoso, un hombre que nació en Belén, pudiendo haber nacido en Bilbao.

Estábamos tomando unos vinos en el casco viejo y a nuestro lado había uno que le decía a otro:

—Preocupado estoy.

—¿Y eso, Iñaki?

—Pues nada, que no hay forma de poder vender mi coche. Que nadie quiere cosas viejas. Que tiene 120.000 kilómetros y no hay forma de vender.

—¿Has probado a quitarle kilómetros?

—¿Y eso se puede hacer?

—¡Claro! Lo llevas al taller de Paquito, ahí en Deusto, y te dejan el coche como nuevo. Te hacen un «lisstin» de ésos, y te lo dejan desconocido.

Bueno, pues a los pocos días se lo encuentra allí y le pregunta:

—Qué, ¿vendiste el coche?

—¡Tú estás loco! ¡Cómo lo voy a vender, si está como nuevo, sólo tiene 37.000 kilómetros!

De allí, de los txikitos, nos fuimos a ver al Campeonato Nacional de Aizcolaris que anualmente se celebra en Bilbao (ya saben lo que son los aizcolaris, unos señores que se suben encima de un tronco y se lo cortan. El tronco). Los campeones del mundo son los hermanos Mendieta.

Aquel día a la mesa del jurado se acercó un andaluz canijo, chiquitito, esmirriao, tenía pecho, pero se lo tapaba un escapulario de la Virgen del Carmen, con un cigarrillo en la comisura de la boca medio apagado. Se va para la mesa del jurado y dice:

—Apúntame a mí a ezo, que yo también quiero cortar troncos de ésos.

Y dice el de la mesa del jurado:

—¿Qué andas, de cachondeo o así? ¿Cómo te voy a apuntar al concurso nacional de Aizcolaris? Si tú no puedes ni levantar el hacha.

—Apúntame a ezo, que yo quiero cortar troncos de ésos.

—Vete a tomar txikitos por ahí y no vengas a joder la marrana.

—Que quiero cortar troncos de ésos.

Y le dice otro miembro de la mesa del jurado:

—Oye, Patxi, pues tómale nota, ¿qué puede pasar?, ¿que se rompa una pata? ¡Pues que se joda! Tómale nota.

En efecto, le apuntaron, sonó la campanilla y se pusieron a talar. Bueno, pues el andaluz les sacó a los campeones cinco troncos de ventaja.

Los de la mesa del jurado, acongojados, con los acongojones aquí, se fueron para el andaluz y le dijeron:

—Oye, ya sabrás perdonar, quién iba a pensar que fueras a cortar troncos así. ¿Dónde has aprendido tú a cortar troncos?

Y dice el andaluz:

—En el desierto del Sahara.

—¡Qué cachondo! ¡Pero si allí no hay árboles!

Y dice el andaluz:

—¡Ahora!

De regreso a Madrid, a la salida de Bilbao nos encontramos un camión de 16 toneladas de leche Pascual que se había salido de la carretera, tenían que ver al camionero, desesperado.

—A ver qué hago yo ahora.

Hacia él iba un aldeano montado en su Vespino, con una txapela así de grande, y el camionero lo paró y le dijo:

—Por favor, ¿sería tan amable de avisar una grúa en el pueblo de aquí al lado? Es que me he salido de la carretera y tengo que continuar.

—¿Para qué? ¿Para el camión? Para sacar el camión no te hace falta avisar a la grúa. ¿Llevas por ahí unas cadenas?

—Pues sí.

Sacó las cadenas, las enganchó al camión y tirando con la Vespino, lo sacó.

—¡No me lo puedo creer! Cuando cuente yo esto en casa no se lo van a creer —decía el del camión.

Y le contesta el aldeano:

—Cuéntalo si quieres, pero si lo cuentas, cuéntalo como ha sucedido, que lo he sacado a pedales, que no he puesto en marcha ni el motor.

Luego paramos en Llodio a tomar un café y vimos a un aldeano que iba por el monte con una garrota. Se le acerca otro que le pregunta:

—¿Dónde vas con esa garrota tan grande?

Y le contesta:

—A buscar setas.

—¿A buscar setas con una garrota tan grande?

—¡Claro!, por si sale una venenosa.

Gaspar Rebollons

Mire usted, la última vez que estuve en Madrid, que fui con el coche y la señora, la última vez digo, llegamos a Madrid a las 11 de la noche, nos cogimos un hotel ahí en la Gran Vía, y aquello por la mañana parecía un cachondeo, mire usted. Cuando bajo a pedir la cuenta me sale el de recepción con que le debía 500 euros.

Y le digo:

—¿Cómo que 500 euros? Aquí debe de haber un error. Oiga, que nosotros no hemos roto nada. O sea, ¿que pagamos nosotros los catalanes lo de todo el hotel? Dígame de qué.

Y empieza a hacerme la cuenta:

—Mire usted, son 200 euros de la habitación, 100 euros del parking.

—Imposible, porque he dejado el coche en la calle.

—¡Ah!, lo siento, haberlo usado, que ahí lo tenía. 100 euros del Club de Golf —sigue el recepcionista.

—¿Cómo que del club de golf? Óigame, ¡nosotros no hemos usado el club de golf! ¡Si hemos llegado a las 11 de la noche!

—¡Ah!, lo siento, haberlo usado, que ahí lo tenían. 50 euros de la sauna y el gimnasio.

—¿Cómo que sauna? Yo ya venía sudado de casa, no he usado la sauna.

—¡Ah!, lo siento, haberla usado, que ahí la tenía. 50 euros del tenis.

Yo le dije:

—Déjelo. Tome 50 euros y en paz, y permítame que no le dé propina.

Él protestó:

—¡Cómo que 50 euros y en paz! Aquí faltan 450.

—No, no señor, los 450 euros son por haberse acostado con mi señora.

—¡Oiga! ¡Que yo a su señora ni la he tocado!

—¡Ah!, ése no es mi problema, haberla usado, que ahí la tenía.

Bromas con el dinero, no. Porque nosotros en Cataluña sabemos que el Banco de España se parece a la Luna, en que tiene todos los cuartos. Y, lógicamente, si nosotros no tenemos los cuartos, no podemos pagar el pato, que es el animal más caro que hay, porque nadie quiere pagarlo.

Nosotros, en Cataluña, sabemos que a veces ustedes cuentan chistes nuestros, óigame, y no nos importa, es más, ¡ni se los cobramos!

Famoso es aquél de dos amigas que se encuentran y una le dice a la otra:

—¡Caray!, tienes un novio majísimo, no para de gastar bromas.

Y la otra le responde:

—Déjalo que gaste, aunque sean bromas, porque es catalán y no gasta más que eso.

Nosotros tenemos fama de ahorradores, pues, mire usted, sí. Yo, por ejemplo, me llamo Gaspar, Gaspar Rebollons; pero en casa mi señora me llama Par. Óigame, pero es que de esta forma nos ahorramos el gas.

Siempre hay algún caso, mire usted. Hace unos años salió publicada en *La Vanguardia* la noticia de que Renfe había perdido en un año no sé cuántos millones. Pues tendrían que haber visto a un amigo mío por las vías de tren diciendo:

—¡Cullóns, pues tienen que estar por aquí!

En Montros de Camp, en el Baix Ebre, pasaron pidiendo para una piscina, y hubo uno que dio dos vasos de agua.

Porque los catalanes cuando tenemos frío, nos acercamos a una estufa; y si seguimos teniendo frío, la encendemos.

Hay cosas buenas en Cataluña, los catalanes no podemos coger el sida, porque si da, no es catalán.

Mire usted, a un arquitecto catalán le dan un simple orinal, y hace un «pisito».

A uno de Lleida le preguntaron:

—Óigame, ¿estos árboles suyos dan mucha fruta?

Y contestó:

—¡Como me entere que dan algo, los corto!

Y eso que, si se fijan, Lérida es de las que da, Lé-ri-da. Porque las demás no dan na: Mire usted, Barcelo-na. Gero-na. Tarrago-na.

Hablando de viajar, nosotros casi no vamos a Vitoria, allí en el País Vasco, ¿por qué?, se preguntarán ustedes, pues muy sencillo, porque en todas las entradas pone Gasteiz, y nosotros gastamos poco.

Aunque se pasan con esos tópicos que cuentan de nosotros: que tenemos a la Virgen negra de lo que le pedimos. O uno que se encontró una tirita, y se cortó para aprovecharla. Es falso. Como lo de que invertimos en impuestos porque suben más que la bolsa. ¡Falso!

Dicen, por ejemplo, que no nos toca la lotería porque no compramos el número. ¡Falso!

Mire usted, la semana pasada no me toco a mí la lotería por un número. Yo vivo en Avenida de les Drasaness, 26, y le tocó a uno que vive en el 25.

Lo que sí es verdad es la rivalidad que existe entre Madrid y Barcelona.

El otro día entra un señor de Madrid en un bar en Vía Layetana y pide un café. Se lo ponen, se lo toma y pide la cuenta:

—¿Qué le debo?

—Un euro i venticinc centimes —le dice el camarero.

El otro dejó sólo un euro sobre la barra y ya se iba, cuando el camarero le advirtió:

—Oiga, que son 1,25 y sólo me deja un euro.

Y le contestó el de Madrid:

—Ya sabía yo que por 25 céntimos me hablabas castellano.

¡Hombre, y esto no! Porque la rivalidad está bien, si es de Rivaldo...

Mire usted, vino este verano un señor de Madrid a Tarragona y no se le ocurrió otra cosa que preguntar:

—Oiga, aquí en Tarragona, ¿dónde se coge el metro?

Y le contestaron:

—En el mismo sitio que en Madrid el barco.

El paje «perfeto»

Pues nada, que allí en el Concejo, a la Asociación de Mulleres le dio por hacer este año un Belén viviente. Y yo tengo un cabreo, que vengo más jorobado que el camello. Aquí me tienen, de paje de los Reyes Magos, que este papel que me dieron es muy jorobado, ¡eh!

¡Qué Belén hicimos! ¡Qué Belén! Parecía más que Belén los altos del Golán. ¡Qué follón! ¡Qué lío!

Y la gente más que a verlo, fue a criticar. Que si ¿por qué hace ésa de Virgen? ¡Carallo! Porque alguien tendrá que hacer ese papel. Que si la niña de Santiago hace de Niño Jesús, bueno, ¿y qué? ¿O es que le van a cambiar los pañales allí, delante de todos?

Que la gente se pone a criticar y critica. Peor aún, protestan. ¿Por qué se puso la vaca de fulano en el pesebre y no se puso la mía? ¡Coño!, porque a lo mejor no se apuntó, o que no se ofreció. Esto es como el que quería cantar un villancico que no se sabía. ¡Habrá que aprenderlo primero!

Con lo de los animales es con lo que más problema hemos tenido. Dejamos las gallinas por allí, sueltas, y aquello fue un «tropel», se metían hasta en el portal. Todo el tiempo espantando a las gallinas. ¿Se imaginan a san

José echando a las gallinas del portal? ¡Claro!, ellas como tontas se querían meter al calorcito. Aquello no era serio. Y lo peor de todo era que la gente entraba a recoger los huevos que ponían.

Que no hay formalidad. Ni puntualidad. ¿Ustedes se creen que puede empezar un Belén sin san José? Pues éste, que no venía a la hora y la gente, ya saben cómo somos:

—Eso será que se marchó para Alemania. Que emigró.

Otro decía:

—A lo mejor es que no se llevaba bien con la Virgen.

¿Cómo no se va a llevar bien?

—Pues el hombre no vino porque tenía un servicio.

Sí, un servicio. Porque es chófer de ambulancia y tuvo que salir. Por eso no estaba. ¿O se tiene que morir uno porque éste está de san José en un Belén?

El río lo pusieron de papel albal. ¡Hombre, no íbamos a hacer una zanja de verdad allí, en mitad del pueblo!

Pues protestaron. Que si mire usted, que el pescador saca del río un rodaballo. Que ¿cómo se van a criar rodaballos en un río? ¿Y qué iba a sacar, si el que hace de pescador trabaja en la lonja?

A todo esto, mi muller con el móvil. ¿Cómo se puede ir a una ofrenda al portal de Belén y el móvil quiri, quiri, quiri?

Se lo trajo Papá Noel, que es el Rey Mago de los impacientes. Porque nosotros en Galicia le escribimos a los Reyes Magos. Y yo diciéndole:

—Marisa, apaga el móvil.

Y ni caso. Está conmigo, que desde que tiene el móvil sólo habla con él. Se enfadó el día de su cumpleaños.

Cuando estuve haciendo el servicio militar aquí en Madrid, enseguida me detectaron que era gallego y frutero.

Resulta que me pregunta uno:

Oye, ¿tú eres gallego?

—¿En qué se me nota? —le digo.

Y sigue preguntando:

—¿Es verdad que cuando se le hace una pregunta a un gallego, siempre contesta con otra pregunta?

—¿Y eso quién lo dice?

Y lo de frutero, me lo descubrió el sargento cuando formaba al compañía. Que iba yo, y ponía a los reclutas más altos y lustrosos delante, y a los feos, bajitos y chichurríos, al final.

También se lleva uno sofocones en la frutería, no crean ustedes. Un día vino a protestar una señora que parecía una verdulera, qué «caráter»:

—Oiga usted, yo mandé a mi rapaz por un kilo de fresas y llegó a casa con sólo 800 gramos.

Que lo que le dije yo:

—Señora, lo que tiene usté que hacer es pesar al niño antes de salir de casa, ¡qué carallo!

Bueno, pues el padre de este niño es el que hace de ángel de la Anunciación. ¿Ustedes vieron alguna vez un ángel subido a un portal de Belén con paraguas? Pues éste lo llevaba. ¡Y encima sin llover!

Pues anda, dile algo. ¡Que «caráter»!

—Oíste, ¿por qué trajiste el paraguas si hoy no llueve?

Y contesta:

—También tiene derecho mi paraguas a salir con buen tiempo.

Como el alcalde, que para darle marcha al pueblo montó el Belén en la zona de copas. En lugar de villancicos se oía: ¡punchín, punchín!

¿Han visto alguna vez a san José tomando un gin tonic? Porque lo de la Virgen, todavía, que tomaba san Francisco.

No, y al Niño Jesús, los potitos, que se los daba su madre, la de la niña. Y parecía desde fuera que la Virgen y san José tenían una canguro. Ellos tomando una copa y la otra con los pañales.

Encima Rolando, que es republicano, tuvo que hacer de Rey Mago, pero rey. Así que me dijo:

—Crispín, devuelve el camello, que ya estoy bien jorobado yo.

¡Y es para estarlo, eh! Nos robaron, ¡sí, señor! ¡Como lo oyen! Se llevaron las estufas del portal; una gallina y las perras del pozo. Y encima lo hicieron el día de los Inocentes, el día 28, así que no sabemos si es o no una broma.

Pero ya les sacamos un villancico:

En el portal de Belén
han entrado los ladrones,
pero ha saltado la alarma
y a la cárcel los mamones.
Ande ande ande, la Mari Morena,
ande ande ande que es la Nochebuena.
En el portal de Belén
hay cuatrocientos y su tía,
pero ni los unos, ni los otros
se han traído la tortilla.

Con la vaca a cuestas

Fíjense cómo será mi vaca, que me recuerdo una vez que andaba yo en el prado con ella y se me acercó un señor, un poco raro, él venía con barba, con la boina al revés, con unos botes de pintura y unos pinceles. Y va y me pregunta:

—Oiga, ¿podría pintar a su vaca?

—¡Ni se le ocurra! A mí la vaca me gusta como está. ¡Qué me va a andar por ahí pintándomela!

Pues me la querían sacrificar, por lo de la espongiforme ésa, así que yo me la he traído a Madrid, a ver si la puedo colocar, aunque sea encima de un coche; porque me he enterado de que en Madrid a los coches les colocan encima una vaca. Así que me vine, con ésta, es la mejor que tengo, que no es ni racista, es blanca y negra, como deberíamos ser todos para evitar esos problemas.

Lo que pasa es que la pobre está acojonada, es que no está acostumbrada a codearse con la gente de la capital. ¡Claro!, como allí se pasa la vida en el prado... Ésa es la primera diferencia que yo encontré al llegar a Madrid. Allí, en Galicia, tenemos el prado lleno de vacas y en la capital el Prado lo tienen lleno de cuadros.

Para cuadro, el que me encontré antes de salir de la aldea. Iba por la calle un matrimonio amigo mío y les pregunto:

—¿Dónde vais?

—No vamos, venimos —me dicen.

—¿Y de dónde venís?

—Del médico.

—¿Y qué os ha dicho?

—No dijo nada porque no hemos entrado.

—¿Y por qué no habéis entrado?

—Porque en la puerta ponía «sólo se visita de cuatro a seis», y como nosotros sólo vamos dos…

Pues como yo, que me vine con las dos, la vaca y la gaita.

La he traído engañada, le dije que veníamos a una corrida de toros, y lo contenta que se ponía, la pobre, cada vez que veíamos en la carretera un toro de Osborne.

Y aquí estoy, que llevo dos días y ya tengo morriña de mi terruño. Como cuando me enviaron al servicio militar. Me tocó en artillería. Aún recuerdo al sargento Morales un día que me preguntó:

—A ver, Regueira, dime en cuántas partes se divide el cañón y sus nombres.

—Como no me dé una ayudita, mi sargento.

—Verás, el cañón se divide en cuatro partes: la cureña...

—Non fable más, mi sargento; La Cureña, Lugo, Ourense y Pontevedra.

Andaba yo pescando una vez en un río, allí en la parte de Pontevedra, y se me acercó el guarda y me dijo:

—La pesca en este río está prohibida, de manera que son 300 euros de multa.

—Oiga, que yo no estoy pescando, estoy enseñando a nadar a mis gusanos —yo me defendí.

Pero el guardia siguió insistiendo:

—¿Puedo ver sus gusanos?

—Ahí están.

—Continúan siendo 300 euros de multa, los gusanos se están bañando desnudos y en este pueblo está prohibido el nudismo.

Ese guarda es como yo, que un día dije:

—Si me muero en Porriños de Arriba, quiero que me entierren en Porriños de Abajo, y si me muero en Porriños de Abajo quiero que me entierren en Porriños de Arriba.

Y me preguntaron:

—¿Por qué?

—Pues por joder después de muerto —le contesté.

Pero cuando voy al dentista, voy muerto de miedo. Ahí sí que lo paso mal, pero mal. Ahora, que ya me las ingenio yo para salir del paso. La última vez que acudí, me tumbo allí en la camilla, rodeado de tornos por todas las partes, alicates, tenazas y cosas de ésas dolorosas, así que cuando estaba tumbado allí boca arriba con la boca abierta, y él con las tenacillas en la mano, tiré la mano pa'arriba, le cogí bien cogido y le dije:

—Doctor, ¿verdad que no nos vamos a hacer daño ninguno de los dos?

Y las meigas, haberlas haylas. Cerca de mi casa vive una, y cuentan las vecinas que hace poco se le apareció a la viejecita, que anda siempre haciendo pócimas y hierbajos, se le apareció, digo, un genio y le dijo que le concedía tres deseos por haber hecho el bien a lo largo de su vida.

La viejecita, muy conocida allí en el pueblo, le dijo al genio que su primer deseo sería que se convirtiera su vieja casucha en precioso chalet. El segundo deseo, que le gustaría que a ella la convirtiera en una joven bella y atractiva. Y el tercer y último deseo, que le gustaría verse amada por un atractivo y seductor Príncipe Azul.

Y fue dicho y hecho, porque el genio hizo ¡zas! y la vieja casa se convirtió en un precioso chalet adosado. Otro ¡zas!, y convirtió a la viejecita en una atractiva joven de cabellos rubios, cintura de avispa, con unos ojos azules y unos labios carnosos. Ella estaba que no se lo creía, loca de contenta, daba saltos por toda la casa.

Ya sólo faltaba el tercer deseo, de manera que el genio miró al gato de la viejecita que estaba tumbado sobre el sofá, e hizo ¡zas!, y lo convirtió en un zagal alto, guapo, con los ojos azules también, para hacer juego con los de ella, como el Bertín Osborne.

El Príncipe Azul se le acercó lentamente, ella se dejó caer sobre el sofá, él se le acercó más aún, romántico, con una mirada dulce, de esas que engordan; y cuando sus labios iban a sellarse en un apasionado beso de amor, él le dijo a ella:

—Y ahora, vieja asquerosa, te vas a arrepentir de haberme capado.

Bueno, señores, no les canso más, yo como el genio les voy a dar tres consejos.

—Coman marisco, visiten Galicia y sean felices.

Economía y tuya

Yo soy economista, y la economía en estos tiempos es muy importante. Ya lo dice la misma palabra: econo-mía, econo-tuya, porque cada uno tiene la suya.

Pues ya ven, siendo economista, como soy, estoy de barrendero, pero por lo menos no estoy parado. Mis compañeros de promoción me llaman «el Manolo Escobar», porque voy detrás del carro, me llamo Manuel y no paro de «escobar».

«*Mi carro me lo robaron, anoche mientras dormía.*» Bueno, pues yo no sé qué tiene este carro que no se lo llevan nunca, lo dejes donde lo dejes, y sin anti-robo ni nada.

Pues sí, señores, en esta vida todo es «economía». Nosotros en mi pueblo hacemos los fuegos artificiales de día, para ver dónde caen las varillas, y aprovecharlas para hacer palillos de dientes.

Todo es economía. Yo, por ejemplo, estuve de viaje de fin de curso en Andorra. ¡Claro!, fuimos allí porque es más barato, como somos de economía... Al volver me preguntó un compañero:

—¿Tú qué le llevas a tu mujer?

Y le dije:

—Yo le llevo cuatro años.

Ahí me ahorré un dinero.

Ahora, que para ahorrar, mi cuñado, ¡chiquillo!, que cumple años cada cuatro años, como nació un 29 de febrero, no se gasta ni en velas.

Y, sin embargo, hay gente en este país que se va de vacaciones con dinero que todavía no ha ganado, a hoteles que no puede pagar, para causar buena impresión a personas que no conoce.

Y digo yo: ¿Por qué no van dos guardias en una moto? ¡Coño! ¡Nos ahorraríamos la energía de una moto!

Que todo es economía. Hay una gitanilla con toda la gracia del mundo, ahí, en la plaza de Callao, y no hay señorito que pase al que no le diga lo mismo:

—Señor, pediré a Dios pa'que se lleve a usté y a zu zuegra al cielo.

Y no se le escapa uno, la mayoría le da una propina y le dice:

—Tome, pero pida sólo por mí.

Aunque ustedes no se lo crean, dándole vueltas a la cabeza yo he llegado a la conclusión de que a través de la economía se puede llegar a ganar una guerra.

Estaba yo este invierno esquiando en Sierra Nevada, nevada tela, cuando de repente se me cruzó un pedazo de alemán «así de grande» con una tabla de planchar, de esas que se llaman «snos», que menos mal que sólo me partió el «for fais» en dos, porque me llega a dar de lleno y el hijo puta me parte la crisma.

Luego resulta que hablaba un poco de español, cosa que es de agradecer, con la cantidad de idiomas que hay por ahí, y se decidió por el nuestro.

Total, que luego me tocó junto a él subir otra vez en el remonte; todo el peazo de alemán aquí al lado otra vez, que iba a volcar el huevo. Y ahí me puse yo a pensar y me dije: «Mira que tener que matar ahora a este hombre. ¡A ver! Si estuviéramos en guerra y él fuera nazi de ésos, ¿qué iba yo a hacer con él? ¡Matarlo!»

Y me daba una pena, el pobre hombre, con el esfuerzo que hacía por hablar español.

Yo creo, señores, que esto de las guerras lo tengo solucionado. La solución está en la «economía». No hay más salida. Es que te pones a echar la cuenta y es carísimo invadir otro país. Y más si es por mar. Que si un destructor, que si un portaaviones, que si tanques, morteros... ¡Eso es carísimo! Porque, vamos a ver, ¿qué te puede gastar un destructor a los cien? ¡Pues anda que un portaaviones!

Total, que te cuesta un dineral invadir otro país, y yo, como he dicho, tengo la solución.

Se coge al capitán y a toda su compañía y se va uno a Halcón Viajes.

—Buenas, buenas. Déme usted 125 billetes de avión (para donde sea, donde se vaya a invadir). Para la isla Tal, estaremos siete días y queremos un hotel con vistas al mar, por si nos atacan por ahí; y que el hotel, como mínimo, sea como yo —dice el capitán—, de tres estrellas.

Los tanques se alquilan allí, como los espías, ¿que cobran mucho?... Con perras chufletas.

A mí, es que las cosas éstas de la guerra me gusta que estén muy claras, porque mi abuelo se pasó la guerra sin saber a quién mataba. ¡Como era daltónico! Nunca sabía si había matado a un rojo o a un azul.

¡Señores, que todo es economía!

En esto de las guerras se puede ahorrar mucho, y más nosotros con la cantidad de recursos naturales que tenemos. Por ejemplo: ahora las guerras se hacen de noche y las transmiten por televisión. Pues nosotros la vamos a hacer más barata y sin matar a nadie.

Les atacamos con fuegos artificiales. ¡Pum! ¡Pum! ¡Fiu! Y los enemigos en la calle diciendo:

—¡Mira tú, qué buena gente son, que en vez de enviarnos los cohetes «Toma haus», nos divierten con la Pirotécnica Valenciana!

Nuestras guerras serán retransmitidas por todas las televisiones, por todos los canales de televisión; y sólo con los derechos de imagen podríamos dar de comer a un montón de africanos.

¡Armas químicas! A base de unas buenas fabadas. Y luego a tirarse cuescos.

¡Batallas psicológicas! Se les llama por teléfono, se les envían telegramas y se les dice cara a cara:

—Chicos, vosotros sois más guapos que nosotros.

Mientras ellos se miran al espejo a ver si es verdad, nosotros atacamos.

¡Guerra fría! Sí, señor, tirándonos cubitos de hielo. ¡Toma!, se venderían más frigoríficos. ¡Si todo es economía!

Y por favor, no tiren papeles al suelo, que para algo están las papeleras, y nos hacen trabajar mucho, cuando nosotros con poco tenemos bastante.

Trasti o la dulce infancia

Al cole, colega

Otra vez se ha cabreado mi padre, esta vez por los atascos, casi no llegamos. Aprovechamos hasta última hora en la playa, y casi no llegamos. ¡Doce horas en el coche para hacer 350 kilómetros! Porque llevábamos el cinturón puesto, que si no, salimos corriendo.

Hemos sacao una media, bueno, hemos sacao una media y un calcetín. A ver si apartaban con el olor y nos dejaban pasar.

Pues nada, ha sido llegar, y al cole. Mira, ni tiempo ha tenido mi madre de comprarme el uniforme, así que me he puesto el de mi hermano mayor, he cogido los libros y al cole.

Luego dicen que el saber no ocupa lugar. ¿Y qué pasa con la mochila? Lugar y peso, más de 20 kilos de sabiduría y ciencia, porque este año tenemos Ciencia. ¡Y no veas el profe que nos ha tocado! ¡Vamos a salir por los aires, seguro!

Llegamos el miércoles por la noche y empezamos las clases el jueves.

—Mañana pasaremos al laboratorio para ver la reacción de una rata a los impulsos eléctricos —nos anunció el profe.

Ayer viernes entra en el laboratorio, saca del bolsillo de la bata blanca un bocadillo de jamón y queso y dice:

—Con esta rata... ¡Anda! Si es el bocadillo, juraría que me lo había terminado de comer.

¡Imagínense dónde estaría la ratita! ¡Nos dio un asco!

Este año nos han puesto un montón de asignaturas, once, con once profesores distintos.

Pues ya verás tú con la de Lengua. Que la llamamos «la Adivinanza», por lo de «Una señorita muy enseñorada, siempre van en un coche y siempre va mojada». Pues la de Lengua entra en clase se va a la pizarra y escribe:

«En estas vacaciones me he aburrido mucho.»

Y me pregunta a mí:

—A ver, ¿qué falta ves tú?

—¿Que qué falta le veo? Pues le veo la falta de marcha.

—¿Así que eres el graciosillo de la clase? —me dice.

—No señorita, es Álvaro.

Entonces le pregunta a Álvaro:

—A ver, Álvaro, dime un mamífero marino que empiece por be.

Y le contesta el Álvaro:

—El buzo.

En el fondo Álvaro es un cachondo.

Yo estas vacaciones no me he aburrido, hemos estado en El Puerto de Santa María con mi tío Francisco, que es un juerguista que para qué.

Dice que él es un fenómeno de la naturaleza, porque nació el mismo día de su cumpleaños. ¡Un fenómeno!

El otro día estaba debajo de la sombrilla en la playa, preparando la comida, y cuando sacó una tortilla de patatas como el sombrero de un picador, se le acercó uno que había en un rincón de la playa, más delgado que un silbido, y empezó a decirle cosas:

—¡Vaya peazo de tortilla!

—Zí —le dijo mi tío.

Y el delgadito siguió preguntando:

—¿Y vendrá con su cebollita y todo?

—Zí.

—Pues fíjese usted que llevo 48 horas sin comer.

Y le dice mi tío:

—Pues ya te puedes bañar tranquilo que no se te corta la digestión.

Y antes de marcharse aún le dijo:

—No sabe usted la mala suerte que tengo, el otro día me puse a escuchar una caracola pa'oír el mar, y estaba comunicando.

Yo no le dije nada, pero peor suerte que yo... Para una vez que me subo a un árbol, me pillan.

Cerca del chalet de mi tío hay unos árboles con unas peras así de gordas. Me subo a por una y ¡zas! El dueño del huerto que me dice:

—¡Eh! A ver tú, chaval, ¿qué haces ahí subido?

Y le contesté:

—Nada que pasaba por aquí, y he visto caerse una pera del árbol y estaba intentando colocarla de nuevo en su sitio.

¡Qué voy a hacer! ¡Mira que la preguntita! ¡A ver qué haces con los mayores! Como mi padre, que el otro día le digo:

—Papá, hay una araña en el techo.

Y me dice:

—Coño, ¡pues písala!

Como cuando me baño en la playa, no hay vez que no me meta al agua que no me den la paliza:

—No estés tanto rato dentro del agua, para que el baño siente bien no hay que hacer más que entrar y salir. Entrar y salir.

Pues claro, eso es lo que hago yo; porque si entro y no salgo, es que me he ahogado.

Mi madre se enfada con mi padre:

—Deja el chico tranquilo.

Aunque con quien más se enfada es con mi tío Francisco que está todo el día con las bromas. Le dice a mi padre:

—Cuñao, ¿sabes cómo se dice divorcio en chino?

—No, ¿cómo?

—Chao-Cho-Chin.

—¡Guarro! —ógrita mi madre.

Pero mi tío sigue:

—Y ¿divorcio en marroquí?

—No sé —dice mi padre.

—Sea-leja-lal-meja.

Ahora, mi tío me contó un chiste verde buenísimo, ¿lo cuento?

Iba una rana verde, en busca de su novio verde, por el camino verde, a su casa verde, al cruzar el camino verde pasó un camión verde, con sus ruedas verdes y aplastó a la rana verde. Vino la Cruz Roja, y estropeó el chiste verde.

El niño, la selección y las maletas

¡Qué rollo! Es un rollo todo el año en el cole estudiando hasta las cinco de la tarde, que si inglés, que si alemán, que si español, que también damos, ¡vamos!, que hay veces que no sé cómo poner hombre, si con hache, o con *man*. ¡Qué lío!

Luego sales a las 5, y empiezan las actividades, que si judo los lunes, piano los martes. El miércoles hípica, el jueves fútbol y el viernes solfeo. Hay días que me monto en el piano, y otros que toco al caballo, lo que dice mi padre:

—Total, para luego de mayor estar en el paro.

No tengo tiempo ni de hacer los deberes, porque quieras o no quieras, a las nueve y media en casa. Mi padre todos los días lo mismo:

—A las nueve y media aquí. A las nueve y media ¡aquí!

Que lo que digo yo: o que se compren un reloj, o que empiecen a cenar sin mí.

¡A las nueve y media aquí! Esas prisas que se las meta a los del avión, que es una maravilla el avión. Se va de Madrid a Málaga en una hora, y tienes que estar veinticinco minutos esperando a que te traigan la maleta. ¡Claro!, como que las mandan en carricoches.

Ahora, merecía la pena esperar las maletas porque es que Marbella es una pasada, ¡qué nivel!

Los delincuentes juveniles, como son demasiado jóvenes para conducir, roban los coches con chófer, ¡qué nivel!

Fuimos a la playa juntos mi hermano y yo, ¡qué nivel! Había unas chavalas en tetas, en *top less,* de alucinar. Parece que íbamos andando sobre la superficie lunar: paso largo y flotando, bueno, y alucinando. Mi hermano tropezó con una especie de lámpara, que parecía la del Aladino; y apareció un genio que más se parecía al don Limpio de la tele, y le dijo:

—Pídeme un deseo, por rescatarme de la lámpara, y te será concedido.

Y mira lo que le pidió mi hermano, que está siempre salido, vamos, que no entra en casa:

—Quiero que me pongas delante a la tía más buena del mundo.

Y ¡zas! El genio le puso delante a la Madre Teresa de Calcuta.

Es que mi hermano es un tío muy enrollao. Un día cogió en el coche de mi padre a una chavala que salía con él y se la llevó a la Casa de Campo de Madrid, metió el coche ente los pinos y le preguntó a la chavala:

—¿Tragas?

—No —le dijo ella.

—Vale —le dijo mi hermano—, pues bájate del coche y te vas a casa andando.

Así que me cogí yo a la Carlota, la monté en la *mountain bike* y me la llevé a las afueras de mi «urba», que hay también muchos árboles, y le pregunté lo mismo que mi hermano:

—¿Tragas?

Y va y me dice:

—Sí.

—Pues vale, cógete tú la bici que yo me voy a casa andando.

En la urbanización donde estuvimos en Marbella, había más extranjeros que fuera de España, pero eso sí, todo el mundo te saluda.

—Hola, hola, buenos días. Buenos «tías».

—Good morning, bonjour.

Todo el mundo saluda, no como en mi «urba» de Madrid, que como dice mi padre, la mayoría parecen mudos.

Ahora, que para eso es bueno mi padre, ése sí que es bueno. El otro día entró en un ascensor justo cuando se iban a cerrar las puertas, dentro había dos señores y mi padre les dijo:

—Hola, buenas tardes.

Y los otros nada, que no contestaron, como si no hubiera entrado mi padre en el ascensor. Ellos iban al sexto piso, y mi padre al quinto, pero cuando iban por el tercero mi padre se tiró un pedo de ésos de récord, y dijo:

—Total, como voy solo.

Mi padre es un fenómeno y se fija en todo, el otro día le preguntó a mi madre:

—Oye, María, ¿tú tienes pelos en el pecho?

Y ella contestó:

—No, ¿por qué?

Y entonces le dijo mi padre:

—Pues hija, esta vez te has pasado con el escote.

Es que mi padre es un filósofo. Él siempre dice:

—¿Para qué tanto? Para vivir no hace falta tanto. Porque, ¿qué necesita un gallo para ser feliz? Maíz y gallinas.

Con lo que no filosofa mi padre es con el fútbol, qué cabreo cogió cuando España fue eliminada. Un día mi tío dijo:

—España va bien.

Y va y dice mi padre:

—¿Pero tú eres gilipollas o qué, no te jooo… ¡Pues no dice que España va bien y la han eliminado nada más empezar!

Pero mi tío lo decía por la política, y mi padre se creía que lo decía por la selección.

Lo malo fue que eliminaron a España justo cuando nos daban a los niños las notas del colegio, y no veas, se las enseño:

—Las notas.

Y va y me dice:

—¿A ti también te han eliminado?

Y le digo rápidamente:

—No, tengo un 10.

Y me dice:

—¿En qué?

—En faltas de asistencia, pero tengo un 10.

Y se pone a mirar las notas y me pregunta:

—¿Qué significa esto del Conocimiento del Medio?…

—Que si conozco la «urba».

—¿Y NP en Arte?

—Pues significa notable pero…

—¿Pero qué?

—Pues nada, que el profe me tiene manía y me preguntó cuál fue el descubrimiento de Leonardo Da Vinci que más se acerca a nuestro tiempo, y yo le dije que el último.

Entonces él me mandó que me pusiera el último y por eso me pone NP, que quiere decir «no progresa adecuadamente».

—Anda tira, que no te quiero ni ver.

Y menos mal que apagué la luz, que si no, me da.

Que lo que le dije yo:

—Que sepas que soy el alumno del colegio al que más quieren los profesores, porque todos me dicen: «A ti te quiero ver por aquí en septiembre.»

Menos mal que me defendió mi abuelo, que últimamente está muy contento, desde que han sacado unas pastillas que se compra mi padre en Andorra que se llaman Viagra y que según mi padre quiere decir «viejo agradecido».

Yo también lo estoy. El otro día me dice mi abuelo:

—Si me traes una pastilla de ésas de la mesilla de tu padre, te doy 12 euros.

Bueno, pues al día siguiente tenía 30.

—Abuelo, que me dijiste 12, y me pusiste 30.

—Yo te dejé 12, y la abuela te ha puesto 18.

¡Como se entere mi padre! Porque, ¡lleva mi padre un cabreo! Es que nos fuimos de vacaciones a Palma de Mallorca y las maletas nos las llevaron a Cancún.

Yo he tenido que ponerme la ropa de deportes de mi hermano mayor, que la llevaba en una bolsa en la mano. Nos hemos pasado las vacaciones haciendo compras.

¡Nos conocemos todas las tiendas de Palma de Mallorca!

Que si bañadores, toallas, zapatos, zapatillas... ¡Lleva mi padre un cabreo!

Y encima en el avión nos dieron los asientos separados. Mi padre pidió ventana y nos dieron pasillo, pero uno en la fila 18, otros dos en la 22 y a mí me pusieron en la 28, y para arreglarlo un señor muy gracioso de esos que hay dijo:

—¡Mejor, así no discuten!

—¡Gilipollas! —le dijo mi padre.

¡Lleva mi padre un cabreo!

Dice que pudiendo hacer un aeropuerto en Segovia o en Toledo, no se les ocurre otra cosa que alargar el de Barajas, y encima con la pista cruzada.

Pues anda que a la hora de buscar las maletas, había un montón así, y venga a quitar maletas. Ésta no es mía, ésta tampoco, y en mitad de las maletas, apareció un hombre así, bajito y con una gorrilla, y dijo mi padre:

—Aquí no se conforman con perder sólo las maletas, que pierden también los maletillas.

Sin nieve

¡Cómo lloraba mi padre el otro día, cuando después de comprar los esquís, las botas, las botas de *après*-esquí, los monos y todo, llegamos allí y no había nieve. Hasta el hotel teníamos reservado desde el mes de septiembre. Mi madre rezaba:

—Virgencita de las Nieves, que nieve, que a este hombre le da un infarto.

Y mi padre gritaba:

—¡La madre que me parió! ¡Pa'una vez que me decido ir a la nieve, no hay nieve!

Menos mal que la estación estaba cerrada, que no le quise decir nada a mi padre, pero llega a estar abierta y encima no esquía, claro, porque para subir tiene que coger el huevo y a mi padre se los ha prohibido el médico, además se entera de que hay bañeras en las pistas, y por ésas no se asoma, porque el agua no le hace mucha gracia. ¡Y si encima tiene que comprar el cursillo en la escuela de esquí y luego hacer colas de dos horas para coger un remonte! Me imagino a mi padre:

—¡Pero es que no hay más nieve en otros sitios que está aquí todo el mundo, coño! ¡Josefina! ¡Vamonos pa'casa, que ya sabes que yo no hago cola ni para comer!

Dice que no hace cola, y una vez estuvimos diez horas en la carretera para ir desde Benidorm a Madrid, que vinimos meándonos en todos los arcenes de la carretera.

Es que mi padre se pone muy nervioso, una vez le llamaron por el móvil y le dieron un teléfono:

—Sí, dime, espera, que no pinta el boli.

Y le dice al del móvil:

—Repíteme el número, 375, 34... ¿cómo? Si es que no me pinta el boli.

Que lo que le dije yo:

—Cómo te va a pintar el boli si lo llevas al revés. Así no te pinta el boli ni dándole aliento.

De todas formas no creo que mi padre, por muy malo que sea esquiando, sea peor que cazando. Salió una vez de caza con mi tío y tres perros, y a las tres horas volvieron en busca de más perros.

Sí, pues mi tío también... Dice que hizo la mili en submarinos, y que una vez hizo una misión especial y que transportó a doscientos paracaidistas.

—¡Lo que les costaría llegar al fondo! —le dije yo.

Una vez estuvo toda la tarde en la puerta giratoria de correos porque no sabía cuándo salir. ¡Que no se decidía!

Si estuvo trabajando de guarda jurado y en tres meses sólo detuvo a un tren de pasajeros y porque estaba en la estación.

¡Hermano de mi madre! Ésa es otra. Que le pregunto:

—Mamá, ¿puedo ir a ver el eclipse?

Y me dice:

—Vale, pero no te acerques mucho.

Estoy a ver si vendo los esquís. ¿Quién quiere unos

esquís sin usar y unas bostas del 41 usadas sólo en la moqueta de la habitación? Sólo vendo los de mi padre, porque se ha cabreado. Los míos no, están muy gastados, son del año pasado, cuando fui a esquiar con mi tío, ya les he hablado de él. Se empeñó en bajar por una pista roja.

—Vamos a bajar por ésta que no hay nadie, por la *Danger*.

¡Qué de piedras, qué cortaos, casi nos matamos! A mí no me dio tiempo a decirle a mi tío que *danger*, quiere decir: «peligro».

Es que en el esquí, como seas daltónico, ¡te matas! Tienes pistas verdes, azules, rojas y negras; que luego vas allí y es mentira, son todas blancas. Al principio yo creía que eran como en el parchís, para que cada uno fuera por su color.

Pues, calla, que mi madre se pone a opinar:

—Yo en lugar de esquí tendría que hacer *snow board*.

—Mamá, ¿cómo vas tú a hacer tabla?

Y me dice:

—¡Pues no será porque no manejo bien la tabla de planchar!

Estamos locos, mi padre quería ponerse a esquiar en la nevera, o llenar la habitación de cubitos de hielo.

El que mola en la nieve es mi primo Pablo. Siempre sabes por dónde está. Es que mi tío es muy blanco y mi tía tiene muchas pecas; así que mi primo parece un dado.

Y no lo aguanta nadie. Con decirles que mi primo es sietemesino, porque no lo aguantó ni su madre.

¡Y feo...! Es al niño que más veces han llevado al zoo, pero siempre encuentra el camino de vuelta, el jodío. Eso sí, es el niño más listo del mundo. Mi tía lo llevó al médico y todo y le dijo:

—Doctor, que mi hijo habla.

—Es lo suyo, señora —le dijo el médico.

—No, doctor, la cosa es que habla y sólo tiene tres meses.

—¿Y dónde tiene usted al niño?

—En casa, que no lo he traído porque va dando conversación a todo el mundo por la calle.

—Vamos para su casa —y cogió el doctor su maletín y acompañó a mi tía a su casa.

Cuando llegaron preguntó:

—A ver, ¿dónde está ese niño?

—Ahí, en la cunita.

Se asoma el médico, lo observa, y le suelta el niño:

—Mus.

—Pues, en efecto, el niño habla —dice el médico volviéndose a mis tíos.

Y el médico empieza a decirle al niño, a mi primo:

—Cinco a grande, tres a chica, pares sí y quince al punto.

Y le dice mi primo, ¡con tres meses!

—Las veo.

Entonces mi tía se le acercó y le preguntó al doctor:

—Doctor, ¿qué tiene el niño?

Y él le contesta:

—Pues el niño tiene como mínimo tres reyes.

Sí, pues a mi tío le ha tocado la lotería, y mi tía, como él sufre del corazón, no le ha dicho nada y fue al cardiólogo y se lo dijo.

—Mire usted, doctor, que estas Navidades nos ha tocado el Gordo y no sé cómo decírselo a mi marido, porque ya sabe usted, con lo que sufre del corazón, que una noticia así acaba con él.

—No se preocupe usted, señora, dígale que venga a visitarme y yo me encargo de eso.

Es que mi tío lleva una medicación muy severa para el corazón, lleva una venda en los ojos, y ojos que no ven, corazón que no siente. Así que entró mi tío en el médico y éste le preguntó:

—¿Cómo estamos, Francisco? ¿Cómo han ido esas vacaciones?

—Bien, muy bien —dijo mi tío.

—Le voy a hacer a usted una pregunta: ¿si a usted le tocan 500.000 euros en la lotería, qué haría?

—¡Hombre, le daría a usted la mitad!

Y le dio un infarto al médico y se murió.

¡Que repito!

Buenas noches, que es de buena educación saludar; es más:

—*Good nait, Leidys and yelten man, wuel come*... ¡Toma ya! Y mi padre se cree que no sé inglés.

No, es que mi padre se cree que soy tonto. ¡Hombre!, que entre suspender cuatro y ser tonto hay una diferencia.

He suspendido *History*, Historia en inglés, pero que yo sé por qué, por una cosa que le dije un día a Miss Maxwell, que lo que dice mi padre:

—Hijo, ¿cómo podéis llamar Miss a eso? Con lo fea que es.

—Es que los ingleses son muy cumplidos y, contra más fea, más la llaman «Miss» —le contesté yo.

¿Es fea? Si es que no hay quien apruebe con eso. ¡Tiene una cara que te asusta! Aunque, si te fijas bien, lleva toda la historia de Inglaterra en la cara.

Pues, como decía, a Miss Maxwell le dije lo que le oí a mi padre una vez, que cómo se podían tener colonias en la Europa del euro, colonias dentro de la misma Europa. ¡Vamos, que eso, ni como club de vacaciones!, y ahí está el Peñón. España va bien y huele bien con la colonia. Y claro, la inglesa va y me suspende.

Es que en la escuela vas de gracioso y te la cargas.

Me pregunta el profe:

—A ver, Trasti, ¿que es la diagonal?

Y le contesto:

—La calle más larga de Barcelona.

¡Cogió un cabreo! Como él es del Barsa. Pues, calla, que cuando le dije que el presidente del Barsa, el Joan Gaspar, que parece que habla uno de un Rey Mago, se quiere casar con la duquesa de Alba, se sorprendió:

—¿Por qué?

—Para ver si así coge algún título este año —le expliqué.

Y me echó de clase y llamó a mi padre, aunque le dije que mi padre ya se sabía el chiste, que me lo había contado él.

Luego dicen de los niños, pero a veces tampoco entiendo yo a los mayores. Me lleva mi madre al médico y le dice:

—Doctor, vengo a que me reconozca al niño.

Y yo protesté:

—¡Pero, mamá! ¿Cómo me va a reconocer, si este médico a mí no me ha visto nunca? —Y va y se enfada.

Como el encargado del comedor, que el otro día me pregunta:

—¿Tu madre también os hace rezar todos los días antes de comer?

Y le digo:

—No, no, señor, porque ella guisa muy bien, no como ustedes. Dan unas croquetas que parecen albóndigas mutantes.

Si los niños aprobáramos o suspendiéramos a los profesores, o a los colegios, o a las rutas, más de uno tendría que repetir curso.

A mi ruta la llamamos «la patera», porque vamos tres por asiento, más las mochilas.

Tienen obsesión con la granja-escuela, cada curso una semana en la granja-escuela, que yo en un principio creí que íbamos a aprender a hacer el ganso y ponernos como unos cerdos buscando huevos de gallina. Bueno, pues íbamos en el autobús y nos paró la Guardia Civil de tráfico, baja el tutor y les dice:

—¿Sucede algo, mi sargento?

—¿Cómo que sargento, no ve usted las estrellas?

—¡Uy! sí, perdona, mi cielo —le dijo el profe.

¡Nos metieron una multa...!

Como a mí en matemáticas. El estirado del Mister Lowel me preguntó:

—¿Cuál es la nación que separa de España el Pirineo?

Y le respondí:

—Francia.

—Muy bien. ¿Y cuál es su capital?

Y yo me metí la mano en el bolsillo y le dije:

—Cien pesetas, ése es mi capital.

Y me suspendió. Digo yo que sería por no decírselo en euros. Es que éste hace unas preguntas...

—A ver, ¿cómo se llaman los habitantes de Oviedo?

Y le digo:

—¿Todos? ¿Uno por uno?

Ahora me llaman el «Hamburguesa con cebolla» porque repito y repito. Estoy haciendo ESO. Y claro, te preguntan y te dicen:

—Niño, ¿qué estudias?

Y tú dices:

—ESO.

Y te vuelven a preguntar:

—¿Pero el qué?

Y tú:

—Pues eso, la ESO…

Y claro, cuando suspendes te pasa lo mismo.

—¿Qué has suspendido?

—Pues ESO.

—¿El qué?

—ESO.

Y ahora porque van a quitar la Selectividad, que si no… dice mi padre que si hace falta habla con Camacho, el seleccionador nacional de fútbol, pero que a mí me seleccionan. ¡Claro!, como ahora «promociono» mi padre se lía con el fútbol.

Es que además he empatado porque he sacado 3,5 en Sociales y 3,5 en Naturales, empate. Y hay una nota del profe que dice: «Y conste que aquí pagan justos por pecadores», debe de ser porque sabe que ha sido mi padre el que me ayudó a hacer los deberes.

Y en religión he sacado un 5 pelado, y dice mi padre que la religión no la suspenden ni los ateos. Es que el profesor explicó lo del Arca de Noé, y yo le dije que fue el primer zoológico de la historia y va el profe y le pregunta a otro niño:

—¿Qué crees tú que hacía Noé para no aburrirse?

—Pescar —le contesta.

Y yo le dije:

—Pero este niño es tonto, ¿cómo va a pescar si sólo llevaba dos lombrices?

Es que hacen unas preguntas:

—¿De dónde se saca el azúcar?

—Pues del azucarero.

El profe dice que a Graham Bell le debemos el teléfono. Pues que se lo paguen.

—Y a Hipócrates, ¿qué le debemos?

—Pues la hipocresía, y a Pitágoras, el pito.

Y el estado vegetativo, es la provincia donde viven los vegetarianos. ¡No te digo!

Pues hoy va a ir mi padre a un programa de la tele a hablar sobre el tráfico, sobre al educación vial, lo sé porque ensaya en casa con nosotros.

Y ya verán cómo se cabrea, porque dice que en el coche esta prohibido todo, hablar por teléfono, conducir habiendo bebido, no llevar el cinturón de seguridad, correr más de la cuenta, y que todo eso le parece muy bien, pero una cosa que está prohibida en casi todas partes sí la dejan hacer en el coche y al que conduce: fumar.

Cuando yo sea mayor...

Cuando yo sea mayor seré camarero, digo cámara; me paso el día con la cámara de vídeo que me regalaron, lo filmo todo; le estiro el rabo al perro y cuando se vuelve cabreao, le pillo unos planos que en lugar de un perro parece un oso que te quiere comer.

¡Hago unas cosas! Coloco la cámara sobre el trípode en el rellano de la escalera frente a la puerta de mi vecina, toco el timbre bien tocao, y salgo corriendo para arriba a mi casa. ¡Mira! Tendrían que ver cómo reacciona:

—¡Niño! ¡Coño! Quita este aparato de aquí, que le voy a dar una patada que te vas a enterar. ¡Niño! Me voy a cagar en tu padre y se lo voy a decir a tu madre.

Que lo que digo yo:

—No, si no hace falta que les diga nada, luego en el vídeo, en casa, le vemos juntos la cara que ha puesto.

Con los pelos así pa'riba, con unos rulos que parece una central nuclear.

Mi padre dice que yo de mayor debería ser médico, pero no creo, porque yo tengo muy buena letra, vamos, que se me entiende todo y a ellos ni una palabra ni media, ¡no hay quien los entienda!, bueno sí, los farmacéuticos, pero tienen que estudiar una carrera. Claro que la carrera también la estudian para saberse el nombre de los medicamentos, que son rarísimos; que si Mangoncilinina, que si Tantuploquina, ¿quién será el que pone nombre a los medicamentos? Con lo fácil que es: «para el dolor de cabeza», «para el dolor de cabeza más fuerte», y así, pues no.

A mí me gustaría, bueno, me habría gustado ser matador de toros, pero dice mi padre que es muy difícil, muy complicado, y más como están las cosas ahora, que te pega el toro una cornada y te pega la enfermedad esa «espongiforme» de las vacas locas. Que ahora con todo esto, a los toreros, cuando cortan las orejas no se las dan, les dan un vale, «vale por una oreja».

Así que dice mi padre:

—Si no quieres que te tire de las orejas, estudia para ministro.

—Papá, que eso no es un oficio, es una circunstancia.

Pues panadero, que es lo que más se parece a un ministro, porque también mueve «masas». Además, tienes «vaguetes», pistolas, como los guardaespaldas, yemas, bollos, dulces y huevos, que hay que echarle muchos para madrugar como madrugan los panaderos.

Le dije a mi padre que me gustaría ser repartidor de pizzas. ¿Tú sabes qué gozada, todo el día en la moto de un sitio para el otro con la pizza guardada en la caja? No, y lo rápido que tienes que ir para que no se te ponga dura.

Llegas a casa de una señora:

«Ding dong, ding dong.»

—Sí, ¿quién es?

—El de la pizza, señora.

Y ¡zas!, te abren enseguida, y luego pa'otro lado, es una gozada dar de comer a tanta gente en un solo día. «Yo la quiero de atún», «yo de mozzarella Carrá», «la mía de cuatro estaciones». Ésa es la de Vivaldi, la cuatro estaciones.

Dice mi madre que le gustaría que fuera pianista, como Beethoven, que ésa es la mejor forma de ser pianista con personalidad, sordo, para no oír lo que tocas.

A mí lo que no me gustaría ser es enterrador, yo creo que ningún niño quiere ser de mayor enterrador, además en esa profesión el cliente no te da propina, claro que tampoco protesta.

Bueno, si eres veterinario y haces una animalada, tampoco pasa nada. Dejas estéril a una gallina ¿y qué puede pasar?, ¿que no ponga huevos?

A mí me gustaría ser banquero, que ganan mucho. Allí en la caja:

—A ver, que vengo a hacer un ingreso.

—Sí, déme a ver. Uno, dos, tres, cuatro... nueve y diez.

Y como de diez me llevo una, ¡te forras!

Porque también me gustaría ser guardaespaldas, pero dice mi padre que para eso tengo que crecer, porque si eres bajito, en lugar de guardaespaldas pareces un guardaculos.

Lo que no sería nunca es ladrón, debe de ser muy pesado. Para robar un coche tienes que ir cargado de ladrillos para hacerle el puente. Luego te buscan y, cuando te encuentran, no eres ni ladrón, eres presunto.

Lo que veo muy difícil es lo de actor. Yo he interpretado una obra de teatro, en el colegio, y me salió fatal.

Era una obra muy seria. Yo hacía de malo y tuve que ensayar. Al final de la obra el protagonista me mataba con una pistola, sonaba el disparo, ¡pumm!, y yo me hacía muy bien el muerto y en ese momento caía sobre la alfombra justo a la vez que caía el telón. Un drama de llorar.

Total, que el día que hicimos la obra estaba todo el colegio lleno, todos los padres, todos los maestros, el director… Bueno, pues cuando llegamos a lo del tiro, al niño que me tiene que matar le falla la pistola, en lugar de disparar hace «clic, clic». Y él en vez de hacer el ruido con la boca, «¡Pumm!», ¡me pega una patada en los cataplines! Yo caí al suelo redondo, y mientras bajaba el telón dije:

—Me muero porque tiene el pie envenenado.

Y la gente, en lugar de llorar, se partió de risa y nos cargamos la obra de teatro.

A mí me gustaría ganarme la vida contando cosas graciosas como mi padre. Dice que había un hombre que estaba hablando con dos señoras que venían de la compra, el hombre estaba sentado en una sillita y tenía un juanete descomunal que le salía por un lado del zapato. Entonces dos niños con una escopeta de balines dicen:

—A ver si le damos en el juanete.

Apuntan y ¡zas!, en mitad. Y dice el hombre:

—Me voy para casa que va a cambiar el tiempo.

Mi hijo, mi padre

Yo voy a un colegio mixto, estamos juntos los chicos y las chicas, pero mi padre fue antes a un colegio donde los chicos estaban en un sitio y las chicas en otro. Dice que no se veían más que por los agujeros que hacían en los lavabos.

Dice mi padre que era otra educación, que ahora en la escuela tenemos música, pero que entonces no estaban para solfas. Entonces, en vez de música, mi padre daba canto. Entrando el *Cara al sol*, y saliendo el *Con flores a María.* ¿Se lo saben?

Mi padre dice que los políticos de antes llevaban gafas negras porque estaban todo el día con el *Cara al sol*. Y que ahora tenemos en la escuela educación sexual, pero que antes eso era pecado, por eso ha sido analfabeto sexual hasta hace bien poco, y mi madre está de acuerdo.

Pues mi amiga Valeria es un sol también, es la niña más buena de la clase. Mira si es buena y está buena, que el otro día el profesor nos decía que la China era un país tan grande que cada vez que respiraba uno de nosotros se morían dos chinos. Y ella dejó de respirar para salvarle la vida a un montón de niños, pero casi se muere ella.

Es que es una niña muy sensible y muy buena, sobre todo buena. Cómo estará de buena que sus padres se han divorciado, y yo voy a pedir la patria potestad. ¡Conque fíjate tú!

Debe de ser por eso por lo que dice mi madre que cada día me parezco más a mi padre, que le gustan altas. Sí, porque dice que con el alta se trabaja, y con la baja, no. Que se está en casa parado.

Yo es que he salido a mi padre en todo. A mí me gustan los huevos como a él. Bueno, a mi padre le gustan con delirio, y a mí con patatas fritas.

A mí de pequeño me llamaban el incunable, porque me echaban a la cuna y me ponía a llorar.

Sí, pero dice mi abuelo que mi padre de pequeño era un pinta que para qué; y un fenómeno de la naturaleza, fue decirle el médico que tenía azúcar, y empezar a amargarse él solo.

Cómo son las notas, ¡menos mal que me ayuda mi madre!

Cuando suspendí Historia, mi padre se puso histórico. No histérico, no, histórico, que se acordó de toda su familia, o sea, la mía. Pero mi madre me defendió:

—Deja al niño tranquilo que no es culpa suya. ¿A quién se le ocurre preguntarle cosas que ocurrieron antes de que él naciera?

Mi madre me defiende mucho, una vez de pequeño en el tren estuve jugando tanto y molestando tanto a todo el mundo, que un señor no pudo más y dijo gritando:

—¡Si ese niño fuera mío lo tiraría por la ventana!

Y mi madre sin inmutarse le contestó:

—Es que si fuera de usted yo también lo tiraría.

La bronca más gorda que me ha pegado mi madre fue una vez que me perdí en unos grandes almacenes y me fui a información y le dije al señor:

—Si viene una señora histérica llorando y diciendo que ha perdido a su hijo, dígale que estoy en la planta de los juguetes.

¡No me dio nada!

Como el día que le dije que sabía cuál era el número del amor; el 591, porque son 5 segundos de placer, 9 meses de espera y 1 más en la familia.

Pues mi padre es Manolo Royo y trabaja contando cosas graciosas. Está en un pueblo por ahí. Es que él viaja mucho por ahí; ha estado una vez hasta en el Caribe.

Una vez fue a hacer una gala a Linchtestein... que eso está cerca de Bélgica. Y dice mi padre que Linchtenstein es un país tan pequeño que la cadena perpetua sólo dura cinco años... Como aquí.

Y que los seres humanos nos pasamos la vida haciéndolo todo más pequeño. Los coches son más pequeños, mira si serán pequeños que en los que hacen ahora no cabe ni san Cristóbal. Los pisos, las casas son más pequeñas, hay casas que en el patio de luces no les cabe ni una bombilla.

Las naciones más pequeñas, ahora que se unen hasta los bancos para ser más grandes...

Y dice que si los seres humanos estuviéramos más unidos no harían distinciones entre turistas y emigrantes, porque ambos vienen a dejarnos algo; unos sus dineros y los otros su trabajo. Normalmente el que no queremos hacer nosotros.

Y dice muy cabreado que si el emigrante viene a meter goles cobrando mil millones de pesetas, no molesta a nadie, pero si trabaja 12 horas diarias para cobrar la mitad del salario base interprofesional, decimos que nos vienen a quitar el pan.

¡Coge mi padre cada cabreo! Dice que hay gente que no ve el futuro negro porque son racistas, y que si los perros muerden es porque sus dueños lo consienten o los entrenan para eso.

Y mi abuelo le dice que se calme que le va a dar un infarto.

Y mi padre a mi abuelo le llama hotelero, porque dice que se ha juntado con dos pensiones.

Y mi tío Jesús dice que las Islas Vírgenes están vírgenes porque están lejos de España, que si no, de qué.

Y ahora me voy que aún le tengo que enseñar a Valeria lo mejor, que un beso es una cosa dulce que no produce caries.

Los cuentos de mi padre

Yo no sé cómo nuestros padres han llegado hasta donde han llegado con esa infancia que han tenido.

¡Qué cuentos les contaban! Yo no sé cómo se los podían creer; y lo que es más difícil, cómo podían dormir después de escuchar aquello.

¿Han escuchado ustedes el de *Pulgarcito*? Que era el menor de siete hermanos y, como era tan pequeño como el dedo pulgar de su padre, le llamaban Pulgarcito. ¡A ese niño lo que le faltaban eran tres meses de incubadora!

Sus padres vivían en un bosque muy espeso lleno de alimañas, ¡coño, así no hay quien duerma! Lobos, osos, ogros que comían niños crudos. ¡Por eso no se veían niños por allí! ¡Anda que dónde se fueron a vivir sus padres!

No, y encima el padre los llevaba al monte a trabajar, ¡vaya morro el del padre! Y el Pulgarcito, por si no encuentra el camino de vuelta, echa piedrecitas blancas, pero al día siguiente no le da tiempo a recoger piedrecitas y echa miguitas de pan, pero van los pajarillos y se las comen. ¡Coño, tú lo que quieres es que se coman al niño! Y se pierden y van a parar a una casa muy grande que resulta que era en la que vivía el ogro. Total, que llega el ogro y le dice a la mujer:

—Aquí huele a niños.

Entonces la señora le echa unos polvos al ogro, y éste se queda dormido y Pulgarcito le coge las botas al ogro, que eran unas botas de las siete leguas y del número 52, bueno, pues va el Pulgarcito ése y se las calza. ¿Que el niño se cae dentro de una bota y palma, porque no puede salir? Pues, no, se las calza, llega volando ante el rey y este lo nombra cartero real. ¡De alucinar, colega!

Yo creo que ese cuento hoy en día sería muy distinto, y en lugar de un ogro en el bosque, saldría un yonqui en un barrio marginal. Y el Pulgarcito ése se enrolla con la Alicia, la del *País de las Maravillas,* otro cuento con un argumento que se las trae: una niña está leyendo, pasa un conejo y se echa a correr tras él; el conejo se mete en la madriguera y la niña se quiere meter allí también. ¿Qué le pasa a esa niña?, ¿es gilipollas? ¿Cómo se va a meter en una madriguera de conejo? ¡Pues se mete, tío! Al lado de la madriguera había una botella que vete tú a saber lo que contenía; bueno, pues la niña se la bebe, y se queda «así» de pequeña, como el Pulgarcito, y se mete en el agujero, y tenía una allí montada el conejo, que para qué te cuento, y dijeron que era el País de las Maravillas, ya te digo.

Y va mi padre y me dice:

—En vez de tantos cuentos, más te valdría estudiar, que Albert Einstein a tu edad era el primero de la clase.

—¡Toma!, y a la tuya ya era Premio Nobel.

Yo, desde luego, no entiendo la manía que tienen los mayores de hacernos preguntas constantemente, prefieren preguntar que explicar. En el cole se pasan el día haciéndonos evaluaciones.

El otro día suspendí en gramática; me preguntó el profesor:

—¿Qué es un accidente gramatical?

Y yo le dije:

—Es aquel que se produce cuando un niño cargado con los libros de gramática es atropellado al cruzar una calle.

En eso he salido a mi padre, que me contaba que una vez en un examen oral le preguntaron:

—Cítenos cinco animales que vivan en la región polar.

Y mi padre contestó:

—Tres osos y dos focas.

La verdad es que yo no sé cómo nuestros padres han llegado a ser lo que son, ingenieros, carpinteros, médicos, fontaneros, con los rollos éstos que les contaban. No lo entiendo.

¡Mira que lo de *Caperucita*...! Que tiene una abuela que está enferma y la madre le envía con la niña la comidita; se la mete en la cestita y le dice a Caperucita que cruce el bosque y le lleve la merienda a su abuela. ¿Pero qué madre es ésa? ¡Una niña sola cruzando el bosque! Luego que pasa lo que pasa. Desde luego, en el cuento no dice nada, pero el padre de la Caperucita tenía que ser como el mío, que no quiere tener a la suegra en casa.

Y la Caperucita se encuentra con un lobo feroz que va y le habla a la niña. A mí me habla un lobo y me forro, lo llevo al circo. Y el lobo le pregunta:

—¿Adónde vas, Caperucita?

Y la niña se lo dice:

—A casa de mi abuelita.

¿Esa niña es tonta o qué? ¿Cómo le dice al lobo dónde va?

Es como lo de *Blancanieves,* que ya el nombre levanta sospechas, Blancanieves. Y viviendo allí en el monte con siete enanos. ¡Muy fuerte!

O el de *Cenicienta,* que se encuentra con un hada que le convierte una calabaza en una enorme carroza y, no contenta con eso, le pega un chute con la varita mágica y la viste como una princesa; pero le dice:

—A las doce en punto tienes que salir de la fiesta de palacio —justo cuando bailaba con el príncipe.

¡Claro!, porque estarían allí los medios de comunicación esperándola. La vieja bruja debió de vender la exclusiva de que una campesina se iba a enrollar con el príncipe. Es que si no, no me cuadra.

Bueno, si de verdad quiere uno flipar, basta con escuchar el de *Los tres cerditos*, que se meten a constructores y triunfa el que construye mejor, sí, porque había uno que hacía las casas que les metía paja. En fin.

Yo creo que si de verdad queremos ganar algún festival internacional de la canción, lo mejor que podemos hacer es enviar a *Garbancito,* ¡canta el tío que para qué!

«Ta chin-ta chin-ta chin, a Garbancito no piséis. Ta chin-ta chin-ta chin, a Garbancito no piséis.»

¿Y esto? ¡Una legumbre cantando! Me imagino al realizador del festival:

—El garbanzo, no me lo perdáis de vista.

A mí, los cuentos que más me gustan son los que mi padre le cuenta a mi madre los días que llega tarde, ¡le cuenta cada uno! Una reunión de última hora, ¿y por qué no va a ser verdad? Es verdad, es una reunión, lo que pasa es que no dice con quién.

Además, dice mi padre que a Pinocho no le crecía la nariz cuando mentía, sino otra cosa. Y mi madre dice que ojalá fuera verdad y que le pasara a mi padre lo mismo; que así por lo menos todas las noches que llega tarde disfrutaría ella también.

Tengo que decir que mi padre de niño era un fenómeno, a los Reyes les pedía todos los años lo mismo: un tambor, una pistola y una trompeta, y ganaba dinero; porque mi abuela le daba dinero para que no tocara la trompeta, mi abuelo para que no tocara el tambor y la abuela de mi padre para que no la asustara con la pistola.

Otro día les cuento el de *Ali Baba y los cuarenta presuntos,* y lo de «sésamo, ábrete». Se ve que por entonces Sésamo eran unos grandes almacenes y que no abrían los festivos, de ahí que la gente gritara:

—Sésamo, ábrete.

Pero aquí el que se «abre» soy yo.

La otra opción

Floro... el florista

Pues aquí donde ustedes me ven, yo soy florista. Antes era peluquero, en una peluquería unisex.

Unisex, no quiere decir que sea de un solo sexo, esto lo aclaro por mi vecino Rodrigo, que, mira cómo será, que no paga ni un solo duro del recibo de la luz, ¿cómo va a pagar si el jodío no tiene luces?

Pues sí, yo trabajaba en una peluquería, pero ya no podía más con tanto cotilleo. Que si el Lecquio, que si el Antonio David, que si el Dinio... Aquí, yo solo, tengo más capullos que todas las revistas del corazón juntas.

No puedo con las revistas del corazón; entra una clienta, la coge, la lee mientras le haces el corte y luego te dice que así no lo quería. ¡Claro!, es que leyendo las revistas se te han puesto los pelos de punta, rica.

Es horroroso, que si la Jesulina, que si *El gran hermano*, el Jesulín, la Belén, la Rociíto, ¡la madre que la parió! Y como encima han quitado el sorteo ese que hacían en la tele, ahora no sabes a quién le toca que pongan verde. ¡Como han quitado *Tómbola*!

Yo creo que son los famosos los que llaman a las revistas del corazón antes de salir de casa, llaman a los paparazzi para decirles dónde van a ir.

—Oye, que voy a ir a tal sitio.

¡Si no, de qué van a estar allí los fotógrafos esperándolos! ¡Vamos, ni que fueran adivinos!

Y luego llegan y no se dejan fotografiar, como para darse importancia y hacerse las víctimas.

—¡Ay! ¡Ay! ¡Mi vida es privada!

¡Coño, pero qué vida «privada», si les has llamado tú! Además es privada hasta que cobras la exclusiva, después ya no es privada.

—Oiga, que me voy a casar. ¿Cuánto me dan si les doy la exclusiva? ¡Uy, qué poquito!

—¿Que depende de los invitados? ¡Toma!, pues inviten ustedes a los que quieran... No te digo. Como si me ponéis la novia también.

Si yo fuera famoso, tendría mucho cuidado de a quién le envío flores, porque ¡si yo hablara! Ya quisieran muchas revistas saber lo que yo sé de flores, de capullos y de lilas.

El Día de los Enamorados me entra un famoso, muy famoso, y me pide que le ponga un gran ramo de rosas rojas, se lo preparo, se lo cobro y, cuando está saliendo, me dice:

—¡Anda!, que se me olvidaba, ponme una rosa para mi mujer.

Ya lo dijo Confucio: «Si quieres ser feliz una hora, emborráchate. Si quieres ser feliz todo un día, vete con una mujer, o con un hombre, claro. Y si quieres ser feliz toda la vida, hazte jardinero.»

Claro, que también tiene sus inconvenientes, yo cuando peor lo paso es cuando me llaman las señoras, mis clientas, y me dicen:

—Oye, ¿puedes venir a fumigarme?

¡Hombre! También hay cosas que me excitan muchísimo y que siempre que puedo voy tras ellas, y para eso hay que «entender» para no equivocarse, y la verdad es que con ellas yo alucino, porque las hay que te hacen alucinar, vamos, que las hay de todos los tamaños y de todas las formas. Me estoy refiriendo a las setas. Tienen formas provocativas.

Yo aquí me lo paso estupendo y, al igual que en la peluquería, llamo a cada una por su nombre. Porque las mujeres tienen nombre de flor, o viceversa. No sé, pero hay Hortensia, Rosa, Margarita, Violeta, Azucena, Camelia, sí, Camelia Parker. Que olerá bien, ¡pero es de fea!

Bueno, ellos también están por aquí, Narciso, Jacinto, y los que vienen a comprar.

El otro día me entra uno que parecía «más». Enorme, uno de esos forzudos, pero forzudo, de esos que parece que se inflan soplando como las barcas de goma. ¡Que ya me imagino yo por dónde se soplará! Bueno, pues me dice:

—Quiero un tronco.

—¿Para qué lo quieres? ¿para hablar con él?, ¿para llevarlo en el coche?, ¿para qué? —le pregunto yo.

Y me contesta:

—No, para romperlo, porque a mí no me vencen ni las letras.

Por Dios, qué cosa más dura de hombre.

Ahora, que para corte el que me dio uno de esos guaperas cuando trabajaba en la peluquería. Que entra todo de azul, que parecía mi príncipe, y fue verlo y dejaron de gritar hasta las que estaban depilándose, ¡cómo sería el niño! Se sienta y le pregunto:

—Hooolaa, ¿cómo quieres que te corte el pelo?

Y me responde:

—En silencio.

¡Yo no me he llevado un corte más grande en mi vida!, bueno, sí, el día que envié una corona de difuntos a uno que estaba vivo, nada, que me lié con las tarjetas.

Otro día me viene uno y me dice:

—Oiga, que se me ha muerto la planta.

Y yo sin pensarlo dos veces le digo:

—Pues será la de sus pies. Dúchese, porque para que se note el olor en una floristería lo suyo tiene que ser mucho.

A mí con los muertos me ha pasado de todo. Un día fui a un cementerio a llevar una corona y en la tumba de al lado había un japonés poniendo un tazón de arroz sobre la lápida. Como soy tan impulsivo, no pude callarme:

—No creo que se levante para comerse el arroz.

—Ni el tuyo para olel las flores, malicón —me contestó.

Llego a llevar encima un cactus y le doy con él en la cara.

Por cierto, el cactus es la planta peor aseada, ¿se han fijado? siempre está sin afeitar.

Cactus, ¡qué nombre más raro!, ¿verdad? Yo no sé quién es el que le pone los nombre a las plantas, es que parecen productos farmacéuticos: *echinocactus grussonii*. Fíjate tú, por ejemplo, el madroño, que tú ves que es un madroño, bueno, pues le llaman: *arbustus unedo*. ¡Pero si eso parece el nombre de un pueblo! ¿Se imaginan?: El oso y el *arbustus unedo*.

En fin, señores, que tengo que cerrar el negocio, que mañana me vienen a poner el «Hilo Musical Floreado», que también es un invento mío. Son canciones que incitan a la compra, como, por ejemplo, *Dos gardenias para ti*, *Manda rosas a Sandra, que se va de la ciudad*, o la de *Clavelitos, clavelitos, clavelitos de mi corazón*.

Agosto a gusto

No se imaginan ustedes, queridos amigos, lo bien que se está en Madrid el mes de agosto con casi nadie. Vas a un restaurante y ¡zas!, cerrado. ¡Estupendo! Así no te dicen después de hacer una cola más larga que la que hacen las señoras en el servicio:

—Lo siento, no tenemos mesas.

Vas a otro que está abierto, y ¡aparcas en la puerta!, Que ésa es otra: «aparcas en la puerta». Déjenme que lo repita: «en la puerta». O sea, que no te tienes que ir siete calles más allá. No.

Cuando no es agosto, vas a un restaurante y se queda el aparcacoches con tu coche. ¡Que no lo entiendo! Hay gente que se gasta 60.000 euros en un coche y se lo dejan a un señor que no conocen de nada y que está allí en la puerta del restaurante con una gorra que le hace falta pasar por el tinte, para que se lo aparque, o para que se lo lleve a no se sabe dónde.

Yo siempre he pensado: ¿y si el aparcacoches es el famoso presunto, y no te devuelve el coche? ¿Y si cuando tú has terminado de cenar él ya está en las fiestas de San Antolín de Palencia, por ejemplo?

Bueno, pues he ahí la ventaja, en agosto no hay ni aparcacoches, lo dejas tú donde te dé la gana. Porque además los de la grúa están en Benidorm, también de vacaciones, que se queda sólo una de guardia por si aparcan en la puerta del alcalde en funciones y no puede sacar el coche.

Bueno, pues entras al restaurante y el segundo *maître*, sí, porque el primero se ha pillado agosto para ir a Calpe, el segundo *maître* te coloca donde tú quieres, junto a la ventana, junto a la puerta, en el pasillo. Yo el otro día cené en la cocina con el cocinero, ¡una pasada! Además, mientras me lo comía, él me explicaba cómo lo había hecho.

Oye, y das propina y te bailan una sardana, aunque sólo dejes un par de euros. Eso mismo se lo das en el mes de octubre y pasas a formar parte de los «propineros» anónimos, porque media hora después de irte, aún está sobre la mesa la propina muerta de risa.

Es magnífico Madrid en agosto. Vas al zoológico y son los animales los que te miran a ti, y los que te echan cosas; un mono casi me da con el corazón de una manzana en la cara; se ve que le llamé la atención al simio, la verdad es que era muy mono.

En la piscina no hay ni socorrista; te deja su número de móvil por si te hace falta, y se queda en casa. ¡Hombre, no va a venir sólo para mí!

Y así todo. Lo mejor es ir de compras porque entre que está cerrado por vacaciones y las rebajas, no te gastas casi nada.

Ahora, por ahí, en los pueblos ha tenido que ser horrible, se han ido todos para allí.

Es curioso, se van a descansar y se encuentran todos allí.

Como los de Zaragoza, que veranean todos en Salou,

que se les nota porque lo primero que se les pone moreno es el sobaco, porque se pasan todo el día saludando:

—Hasta luego, Félix, adiós, Trini, hola, Pilarín...

¡Hombre, tiene sus inconvenientes esto de estar en Madrid en agosto! Porque si se te avería algo, date por jodido:

—Hasta fin de mes no hay servicio técnico —te dice una señorita, que encima te da su nombre—, habla con la extensión 5554, Aurori Rosales. ¿En qué puedo ayudarle?

—A mí en nada, guapísima.

El aire acondicionado se estropea siempre la primera semana de agosto, así que hemos pasado el verano con la puerta del frigorífico abierta. ¡Qué calor!

En los semáforos, en los que funcionan, porque está todo en obras, en los semáforos, digo, no hay ni pobres, paras el coche y no te pide nadie, ni te venden nada, ni te limpian el cristal, que ahí te ahorras una pasta. ¿Por qué todo esto? Porque también se han ido de vacaciones, que también tienen derecho los pobres.

Ahora, ¿obreros hay? Más que calles cortadas, oye, que también es divertido ir por la calle saltando zanjas, que recuerda la infancia cuando jugabas al tejo.

Y si vas a un banco, al entrar da la sensación de que se lo han llevado todo, hasta a los empleados. Sólo queda la cámara de seguridad y uno que te sonríe con cara de decirte:

—Pues como no vengas a meter, no sé qué te vas a llevar.

En agosto también se liga más y las palabras claves para ligar son: «¡Uf, qué calor!» Te sientas en una terraza y dices:

—¡Qué calor hace!

Y el que está al lado, no falla:

—Pues sí, y creo que mañana aún hará más que hoy.

Y tú, claro, al ataque, porque te lo han dejado a huevo:

—Pues, si quieres, quedamos y pasamos el calor juntos.

Es que antes se quedaban los «Rodríguez», pero ahora sólo se quedan a trabajar en agosto los «Bono-Lotos», esos que tienen que trabajar a la fuerza porque tienen: 3 de 2, 4 de 3 y 2 de 2, y no les queda más remedio que trabajar para todos los hijos, mujeres y ex mujeres. Y de pensión en pensión.

Tiene que ser horrible estar en verano fuera de tu casa. Hay pueblos que en invierno tienen 216 habitantes y en verano pasan a 8.900. Bueno, y Benidorm ya ni se ve, lo tapa la gente.

Hay que crear la asociación «Los amigos del mes de septiembre» para paliar en lo que se pueda el síndrome que traen todos los «agosto-agusto-disfrutantes».

Porque vienen negros, quemados y lo que es peor, continúan así todo el mes, porque se encuentran al llegar con el cole de los niños, los uniformes, las mochilas, las rutas, comprar los libros. ¡Que tienes que comprar los libros aunque repita el niño el curso! ¡Cómo se lo tienen montado!

Las letras del piso, las del coche, la Visa que te llega, los atascos y, hablando de atascos, les dejo, que tengo la «Limu-Seat» en doble fila.

El extra

Ahora estoy trabajando en una película de Chocho, perdón de Chuchu Olivares, *Se te van a comer los leones, te pongas como te pongas. colega.* Es española.

Hay una escena en la que yo salgo corriendo delante de los leones, como soy un «extra»...; eso no quiere decir que sea extra-ordinario, ni extra-terrestre, ni extra-plano; imposible con estas curvas, y mucho menos extra-vagante, aunque me vean con estas pintas, que no, extra de cine. ¿Qué quiere decir extra de cine? Pues que en la película están los protagonistas, los «protas», que son los que se llevan la pasta; los actores de reparto, que son los que se reparten lo que dejan los protagonistas, y un montón de extras gay que somos los que hacemos bulto, bueno, bulto hacen más unos que otros.

A los extras no nos tratan como a los protagonistas, no, a nosotros nos echan el león directamente. Si te ocurre algo, no sé, que te doblas un tobillo o te alcanza el león, no pasa nada, porque extras hay «así».

Dice el director: «¡Acción!», y, oye, me eché a correr que cronometran aquello y le gano al Antón Martín Fit ese. Corrí, corrí y corrí, a mí me va a comer el león. Corrí tanto que no oí cuando dijo «¡Corten!». Me paré pasado Algete, vi un montón de gente que entraba en un sitio, entré yo también y resultó que era un velatorio, que no sé yo si sería porque el león se había comido ya a alguno.

¡Qué angustia de película! Si por lo menos trabajara el Silvester Stallone, que le pega dos mamporros al león y lo deja de gato, y luego se te acerca medio desnudo de gladiador, que dan ganas de ser chica de la Cruz Roja y curarle los rasguños. Está, que se lo quiere comer hasta el César.

Sí, sí, el César, «Ave César». Avé si te aprendes el guión, que han hecho repetir la escena cinco veces, porque el señorito no se lo sabía, y como era *rácord*... Que el *rácord* ése es peor que un dolor de muelas. Por culpa del César me han pegado cinco mamporros en la cabeza que para qué, porque justo cuando decía él la frase que no se sabía, a mí me atizaban, ¡zas!, ¡zas! Y otra vez: ¡Acción! Y el César que parecía el Yo, Claudio.

—Yo, yo, yo, el-el pu-e-blo de Roooma... no, no me acuerdo.

—¡Corten!

¡Hombre, si por lo menos fuera el Richard Gere!

Pero es un César feísimo, más que César parece una figura de un cuadro de Botero, gordo por todos los lados. ¡Se-sa-le! Cómo será, que le viene justa hasta la túnica.

Esto del cine no crean ustedes que es fácil, que no lo es, es difícil hasta ser acomodador, ¡fíjate lo que te digo! Y eso que yo juego con ventaja porque vengo de gente del cine. Mi madre, taquillera y mi padre, el que vendía las pipas en el cine y manejaba la cámara, ¡no te digo más!

A mí el cine español me encanta, porque irte a Hollywood sin conocer a nadie, buena gana, y lo raro que hablan.

Si no hace falta ir a Hollywood para ver buenos actores. A mí el Bardem me vuelve loco. A ver quién es el gracioso que aparca ahora en un Bardem porque sale con el Oscar y te arrolla. ¡Qué gusto! ¿Y el Banderas? ¡Menudo «Zorro»! He visto todas las del Antonio Banderas, hasta la que sale con la Melany.

Pues yo casi trabajo en una película con él, en México, en una coproducción hispano-mexicana. Yo hacía una escena «chupi». Unos forajidos asaltaban un tren, lo paraban, subían y el general decía a los viajeros:

—No se asusten, les vamos a robar y luego les violaremos a todos.

—No tenemos tiempo mi general —le advertía uno de los forajidos.

Y entonces me tocaba a mí decir:

—Oye, guapo, que donde hay patrón no manda marinero.

¡Bueno, un papelón! Lo que pasa es que no me nominaron. Mejor, si me nominan me echan.

En otra película trabajé con un actor español que también es gay. Lo gay está de moda; mucha gente lo prefiere, terminas aquello y te puedes poner a hablar de fútbol, de toros, de motociclismo... Bueno, pues este chico tiene gafe.

Hizo un papel de Capitán Garfio y casi se desgracia, porque le fue a picar aquello y se rascó, bueno, ¡qué disgusto! Con el garfio allí... Fíjate cómo será, que el otro día fue a acariciar un perro y casi lo mata. Y conste que no quiero hacer humor negro, que luego te llaman racista.

Después de esta película vamos hacer una sobre el Rey Cómodo, sí hombre, es éste... ¿cómo se llama?..., sobre Luis XV, digo cómodo porque es que no hay silla, sillón o sofá que no fuera de este señor. Pero lo de la peli no es seguro, es que aquí no hay nada seguro, bueno, sí, el único que lo tiene claro es el príncipe Felipe, que desde que nació sabe que los Reyes son los padres.

Lo que sí es seguro es que nos engañarán en el dinero, pero en el trabajo, no. Lo pasamos fenomenal, mientras los técnicos preparan la escena, ya saben, el decorado, las luces, etc., nosotros jugamos a las películas de cine, lo nuestro. A adivinar títulos de películas. Por ejemplo:

—Se levanta el telón y se ve a una señorita que se quita las bragas, las tira y le dan a uno y lo mata. ¿Cómo se llama la película?

—Bragada Criminal.

Otro:

—Se levanta el telón y se ve a mil niños haciendo «pipí». Se baja el telón. ¿Cómo se llama la película?

—El Valle de las mil colinas.

¿A que es genial? ¡Mil colinas!

—Se levanta el telón y se ven cinco gitanos mirando a una rubia explosiva. ¿Cómo se llama la película?

—Los vigilantes de la paya.

Otro genial:

—Se levanta el telón y se ve a Jesús Gil y Gil paseando por Marbella. ¿Cómo se llama la película?

—Marbella y la Bestia.

Y quiero contarles este que a mí me parece genial.

—Se abre el telón y se ve una cagadita aquí, otra cagadita allí, otra más allá. ¿Cómo se llama la película?

—El Asesino anda suelto.

Bueno el que anda suelto es el león y me voy no sea que se presente aquí con el Ángel Cristo y se monte un cristo.

Adiós… y a ustedes.